JN218086

税理士大家さんがコッソリ教える

不動産投資のお金の残し方 裏教科書

会計事務所 ロイズ会計 石井彰男

漫画 河上まりお DJ TOBORI

ぱる出版

はじめに……節税ノウハウ＋物件の選別眼＝無敵の不動産投資家

「社会にはルールがある。そのうえで生きていかなきゃならない。」

これは、人気漫画のドラゴン桜の名言ですが、この言葉はこのように続きます。

「だがな…。そのルールってやつはすべて頭のいい奴が作ってる。それはつまりどういうことか…。そのルールは、すべて頭のいい奴に都合のいいように作られてるってことだ！」「たとえば税金。年金、保険、医療制度、給与システム。みんな頭のいい奴がわざとわかりにくくして、ろくに調べもしない頭の悪い奴から多くとろうという仕組みにしている！」

これは、不動産投資家である私たちにも関係する、興味深い言葉です。不動産と税金は切っても切れない関係であり、節税をマスターすれば、キャッシュフローは大幅に改善します。**知ってるだけでトクする世界、それが税金**です。知らないことによってムダに垂れ流しているお金って、ホントーーーに多いものなのです。

じゃあ、節税だけマスターすればお金は残るのかというと、そうではありません。物件には「儲かる物件」と「儲からない物件」の2種類があります。**儲からない物件でいくら**

節税をしたって、砂上に楼閣を建てるようなもの。まったく意味ありません。

逆にいうと、①節税、会計税務の知識＋②儲かる物件の選別眼を手に入れてしまえば、不動産投資の世界では無敵だということです。本書を読めば、手残りの大幅アップにつながるこの2つの知識がしっかり身につきます。

不動産投資は決して規模を争うものではありません。私は不動産投資を始めて、約6年で家賃収入が2000万円となりました。「2000万円？　普通だな」と思ったかもしれませんが、その2000万円はほとんど手残りになる無借金経営です。キャッシュフロー2000万なら、下手なメガ大家より儲かっているはず。隣のメガ大家が決して儲かっているとは限りません。**見るべきは、家賃収入の多さではありません。手残りのキャッシュフロー**なのです。

「税理士に丸投げ」は超ハイリスク

「税務とか難しそうだから、税理士に任せればいいじゃないの」「とりあえず物件購入してから余裕あったら勉強するよ」と考えてる方は本当に危険です。私が税理士になるきっかけとなった、不動産投資の開始当初に遭遇した被害を漫画にしましたので、まずはこちらをご覧ください。

はじめまして
税理士大家の石井彰男と申します
大家も税理士も
楽しくやってます

でも、これまでの投資人生
順風満帆ではありませんでした
よろしく
お願いします

当時、会計知識ゼロの私…
申告は税理士に丸投げ状態
これが運のツキだったのです
はい
お任せください

申告が終わったあとは
できあがった資料も
大して見ない私でしたが

それでも気になることが
一点ありました
それは「税金の高さ」です

1棟目で
トータル家賃
1ヵ月分もかかるのか
「普通じゃない?」と
思ったあなた。税金を
多めに払っているかも
なんかおかしい!
これ高くないか?

でも、プロに
任せてるんだし
こんなもんか
来年は
下がる!

と、期待を抱きつつも
きづけば数年が経過
やっぱ
変だよな
保有物件は増えているのに
税額比率に変化なしです
税理士さんですか
あの~
ちょっとお願いが
さすがの私も帳簿を取り寄せ
精査することにしました

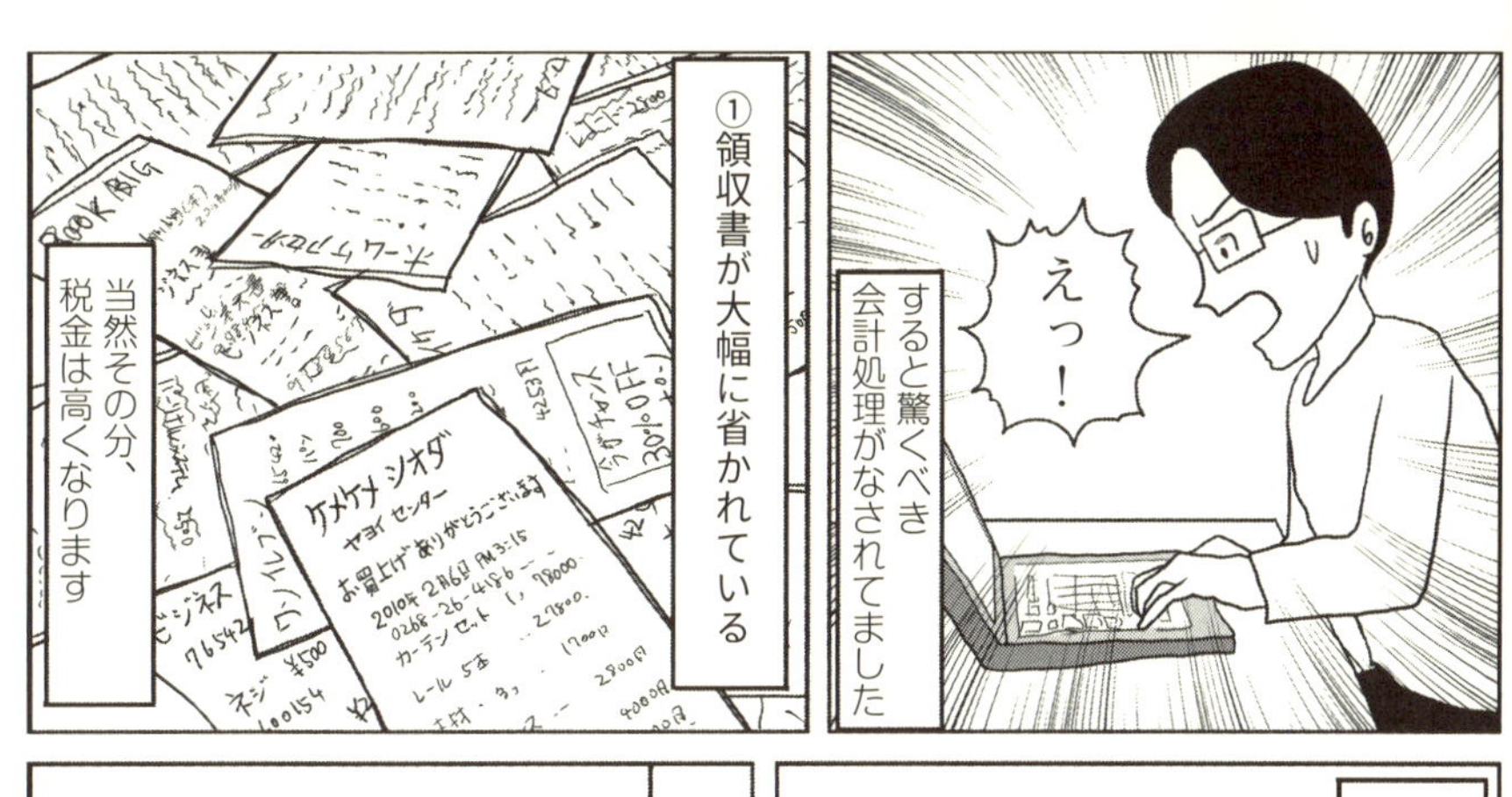
すると驚くべき会計処理がなされてました
えっ！
①領収書が大幅に省かれている
当然その分、税金は高くなります

②修繕費と資本的支出の区別が全くついていない
修繕費
資本的支出

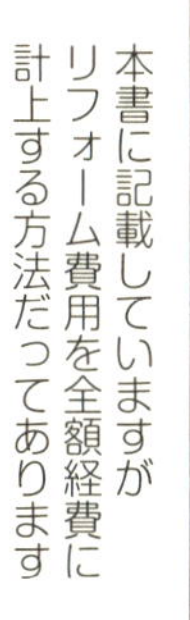
本書に記載していますがリフォーム費用を全額経費に計上する方法だってあります

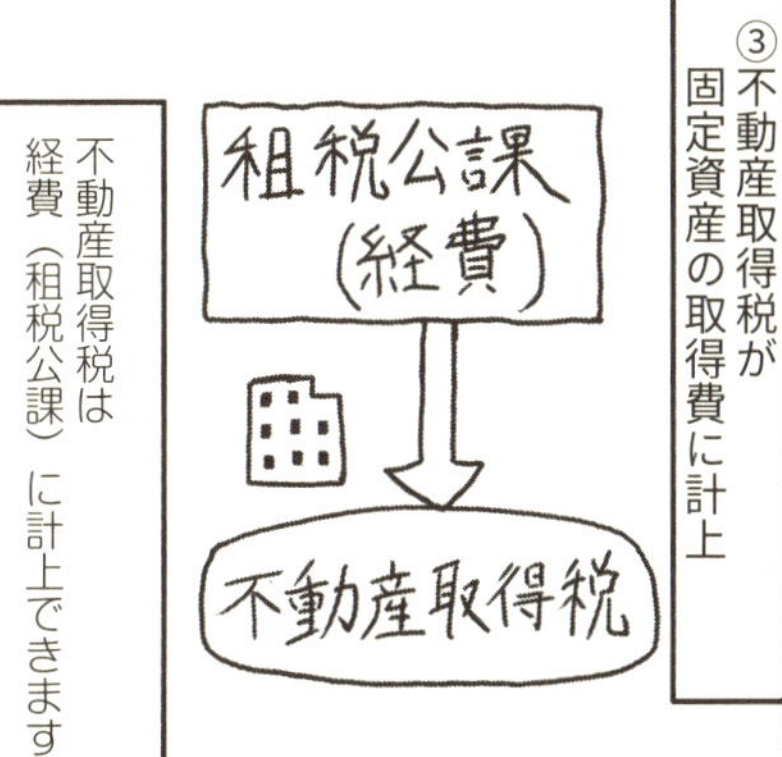
③不動産取得税が固定資産の取得費に計上
租税公課（経費）
不動産取得税
不動産取得税は経費（租税公課）に計上できます

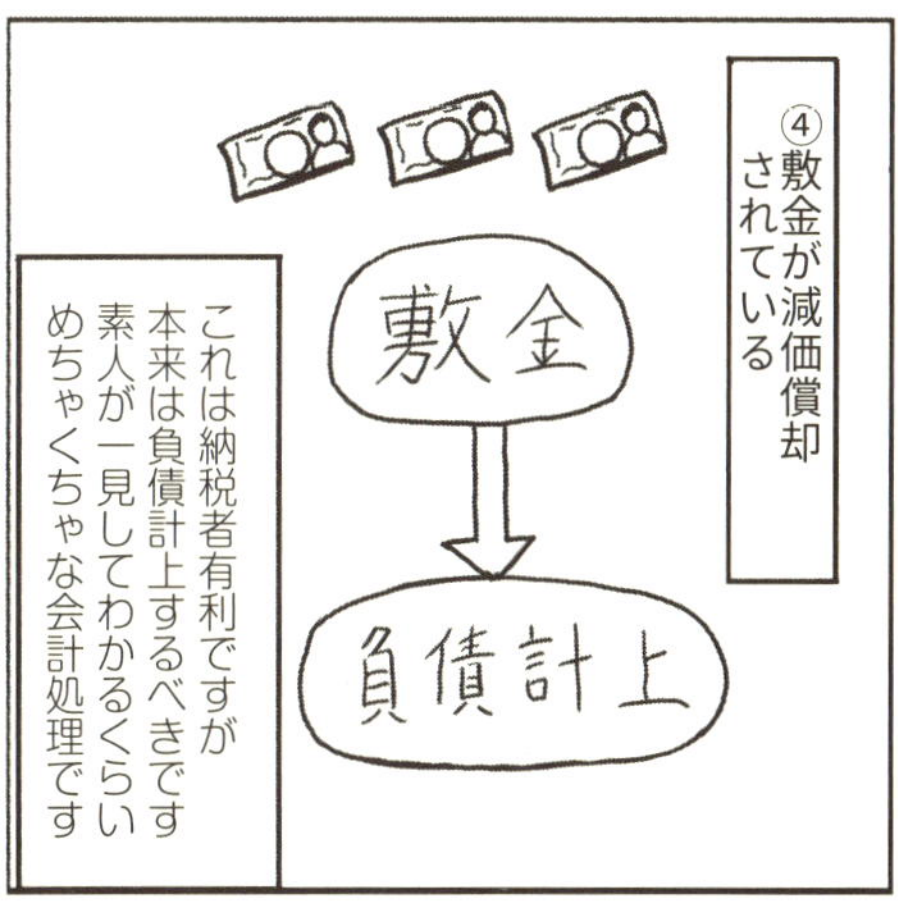
④敷金が減価償却されている
敷金
負債計上
これは納税者有利ですが本来は負債計上するべきです素人が一見してわかるくらいめちゃくちゃな会計処理です

ワナワナ…
ざっと計算して、500万～700万円の損害でした

その処理で正解です
決して問題ありません

私はプロです
万事お任せください
今思うと、この税理士、
不動産の知識はないも同然
だったのでしょう

「更正の請求」
（納める税金が高すぎる場合、
適正額に訂正要求できる）すら
知らない当時の私は絶望しました

これからどうしよう
税理士だからって
信用できないよ
会計処理だけでも
自分でやってみようか

善は急げ、とばかりに
税理士講座に申し込んだのですが

いざ会計の勉強を始めると
これが意外と楽しく
内容がスイスイと
頭に入ってくるのでした
向いて
たりして

何より税金が安くなり
手残りがガッツリ増えました
ここで勉強を終えるはずだったのですが
税金
高すぎ!!
同じような被害に遭った方が
意外と多いことを知り
そんな方たちの
手助けをしたくなり…
勉強を続行!

ついに、試験に合格
晴れて税理士大家さんに
合格証書
石井
税理士試験
合格

こうした
ほうが
お得ですよ
今は業界で、幸せな大家さんが
増えるよう働いております

いかがでしょうか。今にして思えば、あのヒドい税理士のおかげで、現在の私があるので、感謝すらしているのですが、当時は本当に悔しい思いをしました。

ちなみに、私は「会計処理は絶対自分で行え！」と言っているわけではありません。ここまでヒドい税理士はレアケースでしょうし、親身に相談に乗ってくれる税理士であれば、2人3脚で進んでいくほうが効率がよいかもしれません。

ただそれでも大手の会計事務所なんかは、数を捌（さば）かなければいけないという事情があります。その場合、資格を持たないスタッフが会計処理を行うこともあり、なかなかきめ細かい点のサポートは難しい面もあるでしょう。

だから、**「丸投げ」は絶対止めましょう。疑問に思ったことは、口にできるくらいの最低限の税知識は不動産投資家には必須**なのです。

物件購入で「ひよこ狩り」に遭わないために

今、わたしはこの本を、大家さんを始めて1年目の新米大家さん、これから大家さんを始めようとしている30代のサラリーマンの人が手に取って読んでくれている姿を思い浮かべながら書いています。

「不動産投資で儲けたい！」

そう思いながら、鼻息を荒くしてこの世界に足を踏み入れる人がここ数年で劇的に増えていますが、実は、当初思い描くような成功を、みんなが手に入れているわけではないのです。

不動産業者の中には悪徳を絵に描いたような人たちがいるのも事実です。業者も生存競争ですから、自分の会社の利益や存続を最優先しますので、利幅が大きいものを紹介するというのも致し方ないことです。

今まで、ご面談、コンサルティングをしてきた中で、業者に騙されてご相談に来た人、かぼちゃの馬車物件を買ってしまい、ご相談に来られた人たちも大勢いらっしゃいます。そのような人たちに共通しているのが、「どういう物件を選んでいいのかわかっていない」という点です。

大家さんを始めたての方が、「ひよこ狩り」に遭うのは、物件の選別眼がないため、業者に薦められるがまま買ってしまうからです。

税理士大家さんは私だけでなく何人もいらっしゃいますが、私の経歴で異色なのは、不動産投資を始めたあと、税理士になった点です。多くの税理士大家さんは、税理士になってから大家さんを始めていると思います。**もとが投資家出身ですから、儲かる物件の目利き、この点では「どの税理士大家さんにも負けない！」**と自負しております。

さて、いきなり厳しい話をしましたが、実はしっかり勉強すれば、不動産投資ほど成功しやすい世界はありません。

株やFXなど、市場の動きに大きく左右される投資ではなく、不動産投資で頼りになるのは己の頭脳。頭脳といっても、いい大学を出ているとか、そういったことじゃないんです。「おいしい話が向こうから転がってくるわけないか」という常識的な感覚を持ち、「メンドくさいけど、一定の知識は身につけるか」という平凡な学習欲をお持ちの方で十分です。

つまり本書を手にしているあなたは、すでに不動産投資で成功できる資質をお持ちなのです。「数字のことは難しそうだから、物件買ってからでいいでしょ」などと不動産投資を甘く見ている人に比べて、スタートする前から大きな差が生まれているのです。

普通の「節税本」にはないノウハウも満載

ここまで読んだベテラン大家さんのなかには、「初心者向けのどこにでも書いてあるような内容ばかりが多いのでは?」と思われた方もいるかもしれませんが、そんなことはありません。

5棟、10棟のオーナーさんから、不動産投資歴10~20年の大家さんまで満足してもらえるような、実践的ノウハウばかりを詰め込みました。

たとえば、こういう節税本には「デッドクロスに気をつけよう」といったことが必ず書いてありますが、私はそうは思いません。対応策は結構あります。

他にも、**不動産取得時の「消費税還付」について書かれた本は結構ありますが、金取引を使って、もっと効率的に行うノウハウは、私の知る限り本書だけ**です。

もちろん、違法なノウハウ、グレーゾーンのノウハウを掲載しているわけではありません。**あくまで法の範囲で合法的に行われている手法のみを掲載**しております。

王道の節税法を説明しつつ、「もっと投資家に寄り添った手法」、**ぶっちゃけていうと「銭になる手法」に焦点**をあてておりますので、「教科書にもなるけど、よくある入門書とも異なっている」という意味を込めて「裏教科書」と名付けました。

前置きはここまで。不動産投資は一棟目が一番大事だと言われています。一棟目でうまくいくことで、2棟目、3棟目と雪だるま式に増やしていけるからです。**購入物件がすべて「儲かる物件」で、かつ節税も正しく行えたら、ビックリするくらい早く経済的自由を手にする**ことができます。

本書がそのお手伝いになれたら、著者としてこんなに光栄なことはありません。

第1章

利回り20％も夢じゃない！　物件選別の極意

第2章

手残りを永遠に生む物件を一瞬で見抜く方法

第3章 本当は教えたくない 手残り大幅アップのための税金の秘訣

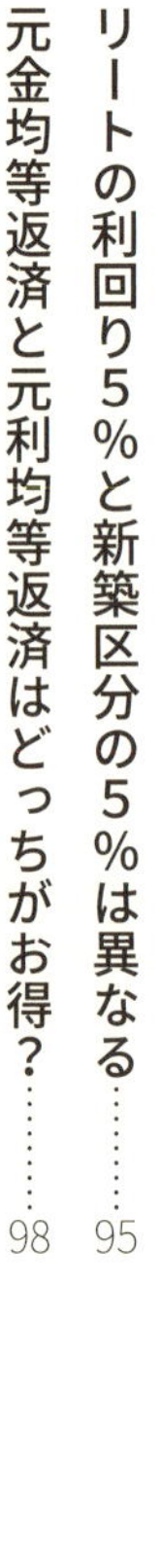

第4章 飯のタネ教えます！ 税理士大家さんが現場で使っている節税の奥義

第5章

1人会社で不動産購入の税金を超有利にする方法

第6章

知らないと地獄行きの税務の落とし穴

第7章

秘伝公開！"たなぼた"消費税還付のすべて

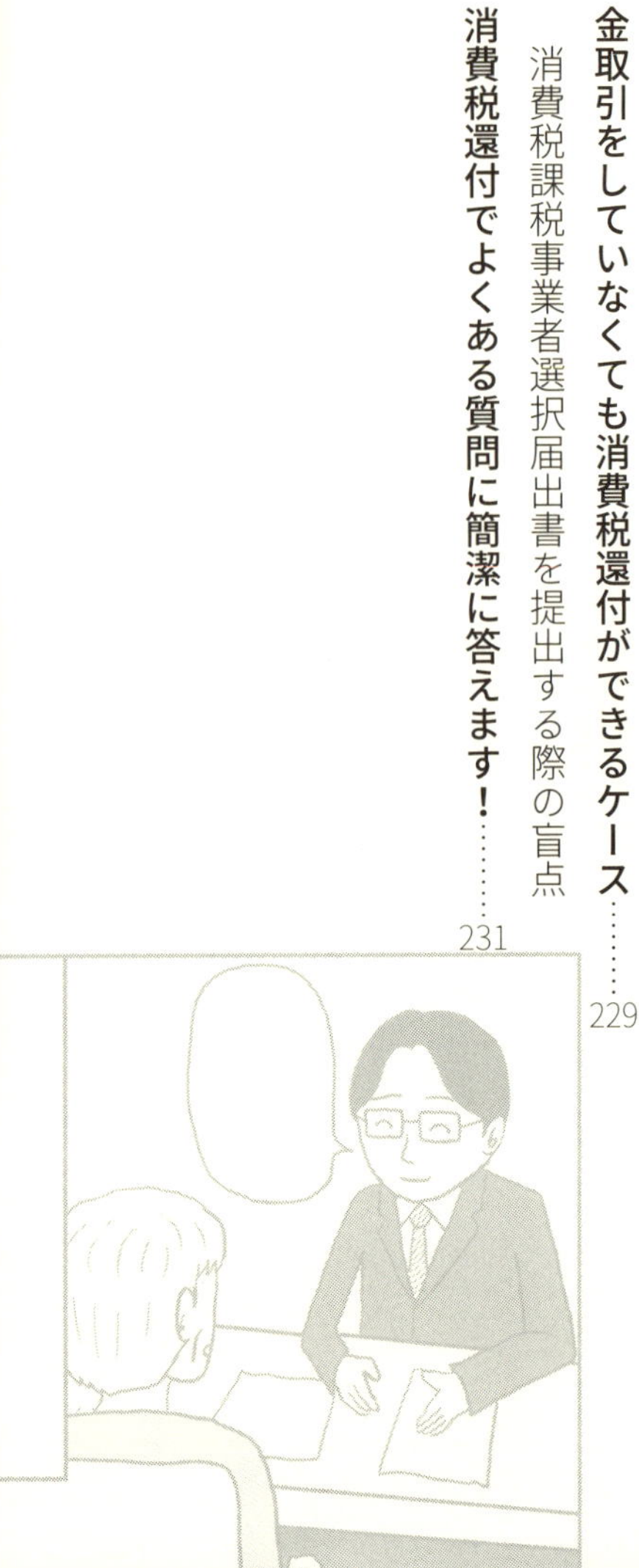

第1章

利回り 20%も夢じゃない！
物件選別の極意

この章を読む前に

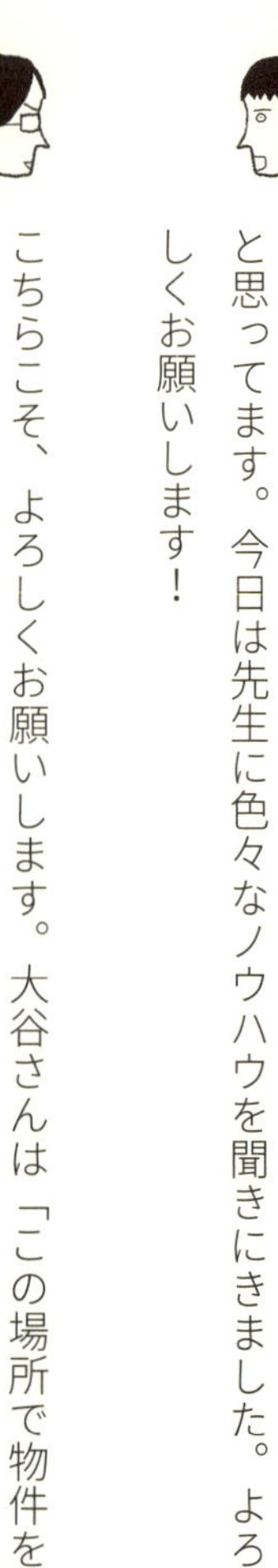

石井先生、僕は不動産投資を始めて、サラリーマンをリタイアしたいと思ってます。今日は先生に色々なノウハウを聞きにきました。よろしくお願いします！

こちらこそ、よろしくお願いします。大谷さんは「この場所で物件を買いたい」とかあるんですか？

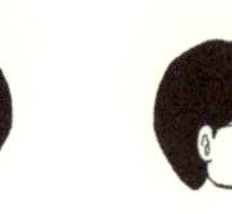

ん〜、どこでもいいんですけど、地元とか今住んでるところの近くだったらいいな〜、なんて漠然と思ってます。

住まいは神奈川なんですよね。地元はどこなんですか？

秋田県です。

あ、だったら神奈川でやったほうが無難かも。

えっ、なぜですか！　きりたんぽをバカにするんですか！

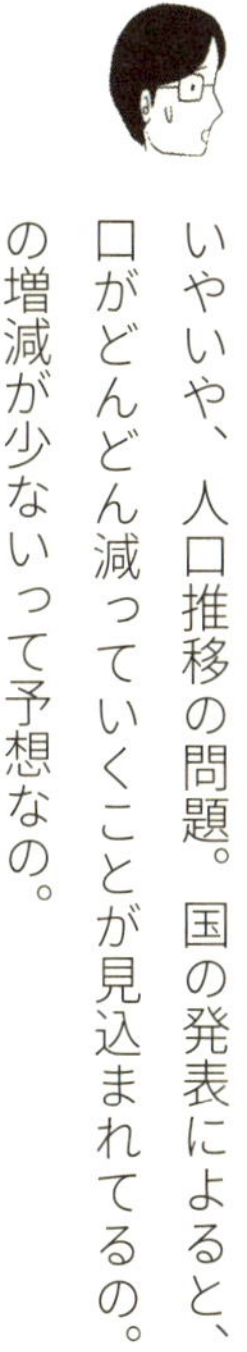

いやいや、人口推移の問題。国の発表によると、秋田県はこれから人口がどんどん減っていくことが見込まれてるの。でも、神奈川は人口の増減が少ないって予想なの。

「だからこそ秋田県でやる」みたいな逆張り思考はナシですか？

もちろん上級者ならアリかもしれないけど、初心者がやる手法じゃないよ。物件購入にあたって見るべきところって多いんだけど、まずはスクリーニングすることが重要。大谷さんはまず、「儲かる物件」「儲からない物件」をざっくりフルいにかける方法を学んだほうがいいかな。いくら節税したって、儲かる物件を持ってなければ、ザルで水を汲むようなものだからね。

その物件買い続けてリタイアできますか？

大谷さんは、漠然と物件購入のことを考えてましたが、不動産投資は物件がキャッシュを生んで、雪だるま式に資産を増やし続けられる流れが理想です。

しかし、最近、金融政策の影響で物件価格が高騰し続けているため、利回りが低い状況が続いています。

健美家のレポートを見ても、首都圏では区分マンションで6・6％、マンションで7％、アパートで8・3％、関西エリアでは区分マンションで8％、マンションで8・7％、アパートで10・5％、東海エリアでは区分マンションで10％、マンションで9・01％、アパートで9・2％、という利回りとなっています。

全国平均では、区分マンションで7・5％、マンションで8％、アパートで8・8％の利回りとなっています。

利回りが低くても、融資金利が安かったり、融資期間を長く取れたりといった条件がそろえば、ある程度キャッシュフローが出ることもありますが、十分なキャッシュフローを出すのはなかなか難しいのではないでしょうか？

そのようなときにわたしが考えるのは、「この物件を買い続けるとして、果たしてリタイアできるのかどうか」という点です。

不動産投資だけの収入でリタイアを目指すとすれば、それなりにキャッシュフローの出る物件でないと実現できません。

そのため、わたしは投資金額と物件から出るキャッシュフローを見比べて、果たして投資に見合うものなのか、これを買い続けていけば果たしてリタイアできるのだろうかという視点で物件を見ています。

そして、必ず見なければならないのが、家賃下落率です。

物件が新しければ新しいほど、家賃は経年と共に下落していきます。

築20年ほどすれば、家賃下落率は緩やかに落ち着いた曲線を描いていきますので、築浅物件ほどの影響は受けません

物件を購入する際は、往々にして、今現在の家賃が永久に続くかのような錯覚に陥りがちです。

ですので、それらを勘案したトータルの目線で購入の可否を検討しなければリタイアすることは難しくなります。

予想人口推移で投資エリアをスクリーニング

日本で不動産投資をしていくにあたり、必ず検討しなければならないのが、人口推移です。

これをしっかり見ながら大局的にエリア選別していかないと、個別の物件では大当たりしたとしても、大きな流れに逆らった見方をしてしまいかねません。

まさに木を見て森を見ずの状態です。

投資では何でもそうですが、マクロ的な視点を忘れないようにしてください。

その時に役に立つのが、人口問題研究所から公表されている人口推移表です。

実際のものは、何十ページにもわたるボリュームになりますが、ここで抜粋している分だけでも、上位と下位の把握は可能です。

投資エリアとしてお勧めできないのが、下からランキングされている都道府県になります。

特に秋田県においては、2045年になると2015年比の人口で約40%以上減ってしまうと予測されているので、危険なエリアだと判断できます。

1
2
3
4
5
6
7

都府県別の予想人口推移

総人口を100としたときの指数でみた総人口

順位	2030年		2045年	
	全国	93.7	全国	83.7
1	東京都	102.7	東京都	100.7
2	沖縄県	102.5	沖縄県	99.6
3	愛知県	98.3	愛知県	92.2
4	神奈川県	97.9	神奈川県	91.1
5	埼玉県	97.4	埼玉県	89.8
⋮				
43	福島県	85.4	福島県	68.7
44	山形県	85.2	山形県	68.4
45	高知県	84.4	高知県	68.4
46	青森県	82.3	青森県	63.0
47	秋田県	79.6	秋田県	58.8

引用：国立社会保障人口問題研究所 日本の地域別将来推計人口（２０１８年推計）
注：2015年の総人口を指数100とする

もっと詳しくエリア選別をしていきたいという場合は、次のURLから日本の地域別将来推計人口（2018年推計）がダウンロードできますので、ご覧ください。

http://www.ipss.go.jp/pp-shicyoson/j/shicyoson18/1kouhyo/gaiyo.pdf

新米大家でも簡単に狙える儲かる物件とは？

それでは、実際にどういう物件を買っていけばいいのでしょうか？

仕事柄、不動産投資を始めようとしている方とご面談することが非常に多いのですが、お話をしていてよく思うことがあります。

それは、「明確にどういう物件を購入していけばいいのか本人もわかっていない」という点です。

これは、非常に危ない状態です。

このまま不動産業者を訪ねていけば、飛んで火にいる夏の虫、まさにカモネギ状態です。今まで大切に培ってきた属性に基づく融資枠や手持ちの現金を全部使い切るまで物件を買わされることになるでしょう。

これは、株式投資に例えるなら、「自分はどういう株を買っていいかわかっていないけど、儲けたいからとりあえず株を買っている、もしくは買おうとしている」という状態と同じです。

これでは、利益を出すのは運に頼るしかありません。

ここでは、具体的な狙っていくべき物件の見極め方をお話しします。

新米大家さんが1件目に狙うべき物件としてのお勧めは、中古の戸建てがいいのではないかと考えています。

戸建ては供給数が少ない割に需要が高いため、空室になってもわりと早めに埋まります。

加えて、利回りも高いものが多いです。

利回り20%の物件でも戸建てなら十分狙えます。

しかも少額から始められる点もメリットです。

入居期間も平均10年と長いですし、自主管理でも十分やっていけるくらい驚くほど手間がかかりません。

戸建ての場合は、アパートマンションと違って、入居者が自分で家の周りの掃除をしますし、多少の補修もしてくれる場合が多いです。

そういったこともあるため、経費がほとんどかからないのです。

実際、戸建ての経費率は他の物件タイプと比べてもっとも低くなっています。

失敗しにくい要素を多分に含んでいるのが、中古の戸建て物件だと思います。

戸建ては実需目線の人も購入を検討しますから、売却する際に非常に売りやすいのもメリットです。

加えて、戸建てで自主管理をすれば、賃貸経営がどういうものなのかという感触を味わうこともできますし、最初に手掛けるにはもってこいの物件なのです。

ただ、戸建てはスケールメリットを感じられるまでに時間がかかるのが難点です。

最初からある程度の規模が欲しい人は？

「わたしは最初から一気に増やしたい！」

そう思うあなたは、木造アパートを選択肢に入れてみるのが良いと思います。

木造アパートであれば、経費も少なく済むため、手残りのキャッシュフローを多く積み上げていけます。

部屋数が多い場合は、自主管理ではなく不動産業者に依頼した方が良いかもしれません。

木造アパートの注意点は、戸建て以上に場所選びをシビアに見ていく必要があるという点です。

購入前に地元の不動産屋に電話をして賃貸状況の確認をするなどすれば大外れすることはないかと思います。

そして、先ほど述べたように、今後、物件を購入するにあたってはエリアの選別が非常に重要な要素となってきます。

必ず、過去の人口推移をチェックして増減を確認し、人口密度が2000人／㎢以上の市町村を選びましょう。

人口密度２０００人以上の市町村であれば、賃貸需要は比較的高いと判断できるからです。

東京で不動産投資がしたい人は？

加えて、オリンピック後の地価下落、２０２２年の都市部における生産緑地の契約終了による土地の放出予測といった話は、不動産を安く取得できる好機でもあり、虎視眈々と狙っている投資家も大勢いるのではないかと考えています。

そのため、どうしても東京で物件を購入したい人は時期を見ながら参入すべきでしょう。

民泊投資がしたい人は？

民泊については、オリンピックによって一時的に民泊需要が増える可能性が高いですが、オリンピック後においては未知数のため、民泊は極力避ける方が得策だと思います。

マンション管理業協会の調査であきらかになったものですが、分譲マンションの約80%が民泊を禁止しているとの調査結果が出ています。

このマンション管理業協会というのは、全国の分譲マンション管理会社が加入する任意団体ですが、全国にある約90％の分譲マンションを間接的に管理している協会です。

また、今後の分譲マンションにおける総会、理事会などの決議で民泊禁止と変更された場合に既存の民泊は経営できなくなるため、そのリスクもあり、できるなら民泊は避けた方が無難ではないかと考えています。

ちなみに民泊は事業所得か雑所得に区分されますので、事業所得になれば青色申告特別控除は使えて、損益通算も可能ですが、雑所得になれば青色申告特別控除は使えず、赤字になった時に他の所得と通算できません。

どちらに区分されるかは、規模や実態を見ての総合的な判断となります。法人であればそのような縛りはなく、全ての収入を合算して法人税を計算していくことになります。

家賃を取りっぱぐれない仕組みで安定経営

利回りが高くてキャッシュフローが出る良い物件を手に入れたとして、いざ大家さん業を始めたとしても、実際に家賃の回収ができなければ何の意味もありません。

家賃保証会社の売上ランキング

順位	社名	売上高（億円）	資本金（億円）	本社所在地	設立時期
1	日本セーフティー株式会社	128	0.99	東京都港区	１９９７年２月
2	日本賃貸保証株式会社	127	7.95	千葉県木更津市	１９９５年７月
3	全保連株式会社	102	4.975	東京都新宿区及び沖縄県那覇市	２００１年１１月
4	株式会社Ｃａｓａ	81	15.32	東京都新宿区	２００８年１０月

そこでぜひともお勧めしたいのが、家賃保証会社の利用です。

家賃保証会社を利用すれば、滞納のリスクから解放されることになります。

表に家賃保証会社のリストを売上の大きいものから上位４社挙げておきましたのでご活用ください。

家賃保証の市場規模は年々増加しており、今や１０００億円近くになるともいわれ、上位４社で約45％の売上を占めているとされています。

ですので、この４社の中から選択しておけば、規模的に倒産する可能性が低いでしょうから安心だと考えられます。

２０１４年時点における調査で賃貸市場の約56％が家賃保証会社との契約を挟んでいるという調査結果が国土交通省の

レポートで公表されています。

（家賃債務保証の現状―国土交通省 http://www.mlit.go.jp/common/001153371.pdf）

また、２０１６年の公益財団法人日本賃貸住宅管理協会が行った調査によると、家賃保証会社の利用率は68・７％と約70％を占めていることがわかっており、利用率は年々、増えています。

加えて、２０２０年に１２０年ぶりの民法大改正が予定されており、連帯保証人に関する規定が変更され、今後は契約の際に連帯保証人の保証額に上限を設けることが必須となるため、連帯保証人のなり手が減るのではないかといったことが予測されており、そういった点も保証会社の利用が増えている背景として考えられます。

ただ、家賃保証会社を利用する場合は、保証料を支払う必要があります。

相場は家賃の30～１００％と幅がありますが、おおむね住居系であれば家賃の30％～60％、事務所系であれば家賃の１００％が保証料の相場です。

また、住居系であれば家賃80％の保証料を支払えば、その後の更新料がかからないという商品もあるので、退去率の減少に貢献してくれるものと思います。

不動産管理会社や仲介業者は、家賃保証会社を使って入居させた場合、大抵、キックバックがもらえる仕組みになっています。

ですので、保証料が高いために入居者が入居に及び腰になっているときは、管理会社に初回の保証料について値段交渉するのも1つの手だと思います。

1つ注意点は、家賃保証会社に入った後、管理会社を変更する際、通常であれば家賃保証の契約を新管理会社にそのまま移行できるのですが、管理会社によっては移行できない家賃保証会社もあるという点と、また、驚くことに管理会社変更の際に、家主の許可なく勝手に旧管理会社が家賃保証を解約してしまうこともあるので、注意してください。

わたしが以前使っていた管理会社が、まさにそのパターンで、新管理会社に家賃保証の内容をそのまま移行できるのにもかかわらず勝手に解約を行い、連帯保証人が不在の状態となってしまったという事例がありましたので、管理会社を変更する際には必ず注意が必要です。

家賃保証会社で家賃保証をしてもらうには、審査があり、その審査には厳しい会社もあれば、緩い会社もあります。

家賃保証会社をざっくり3つに分類してみた

家賃保証会社は大きく分けて3つに分類されています。

団体系の家賃保証会社、独立系の家賃保証会社、信販系の家賃保証会社の3種類です。


【団体系】

団体系の家賃保証会社というのは、家賃保証会社のいくつかが集まり独自の団体を作り、その中で情報の共有や業務の適正化を図っていきましょうという組織になります。

たとえば、公益財団法人日本賃貸住宅管理協会、一般社団法人全国賃貸保証業協会（LICC)、一般社団法人賃貸保証機構（LGO）などがあります。


【独立系】

どこにも属していない家賃保証会社となります。独立系は自社で保有している情報で審査を行うとされており、他社で事故を起こしている人であっても独立系家賃保証会社には情報が入ってこない場合もあるとされています。

業界で有名なフォーシーズ株式会社という家賃保証会社がありますが、フォーシーズの審査通過率はかなり高く、審査に通りやすい保証会社という認識が強いです。

【信販系】
株式会社アプラス、株式会社エポスカード、株式会社ジャックス、オリエントコーポレーション、株式会社セゾンなどよく目にするクレジットカードを発行しているような会社となります。

こういった保証会社を使っていけば、滞納のリスクは心配せずに済みますので、安心して賃貸経営ができると思います。

不動産投資に役立つ超便利サイト一覧

ここでは不動産投資を行う上で必須のサイトを一覧で挙げておきます。
これらのサイトを有効に使うことで、物件情報の分析や投資に適したエリア、物件情報の入手に役立てることができます。

全国地価マップ（路線価）　https://www.chikamap.jp/

全国地価マップは、固定資産税路線価、相続税路線価、地価公示、地価調査の4つが見れるサイトで主要な土地価格がこのサイトで一覧できるため非常に便利です。

土地の評価額を出す際には必ず相続税路線価を使うため必須のサイトです。

土地総合情報システム　http://www.land.mlit.go.jp/webland/

このサイトは、国土交通省から公表されているもので実際の土地の取引価格が掲載されています。

つまり、実勢価格がわかるのです。

価格、駅からの距離、土地の形状、取引時期などかなり細かく確認できます。

ただ、注意点は、アンケート調査による結果が反映されているという点です。

株式会社ＩＣＨＩ　http://www.ichi-kk.jp/

このサイトはあまり知られていないですが、マーケットレポートに入ると、ＲＥＩＴの利回りやＲＥＩＴの土地取得単価、ＲＥＩＴの建物平米取得単価、ＲＥＩＴのキャップレート推移、ＲＥＩＴの配当利回り推移を確認できますのでとても便利です。
ＲＥＩＴの動きを参考にすることで不動産投資の参考にすることができます。

国立社会保障　人口問題研究所　http://www.ipss.go.jp/

国立社会保障人口問題研究所（通称：社人研）は日本全体、都道府県ごと、市町村ごとの過去の人口推移と将来の人口推移が確認できるサイトです。
自分が投資したいと考えているエリアの人口推移を確認して、人口減少エリアなのかそうでないのかの確認ができます。

地域経済分析システム RESAS（リーサス）　https://resas.go.jp/

経済産業省が公表している統計データで、国勢調査によるデータと国立社会保障人口問題研究所によるデータを統合させて地図上で表示しているものになります。
視覚的に見やすい作りになっているため非常に重宝しています。

見える賃貸経営　http://toushi.homes.co.jp/owner/

見える賃貸経営を使うことで、賃貸用住宅の空室率、想定利回り、賃貸掲載物件数、人

1 2 3 4 5 6 7

口数、人口増減、家賃相場の調査ができます。

at home　https://www.athome.co.jp/

アットホームは、利用料金の安さから大手不動産業者から中小不動産業者まで、もっとも多く利用されているサイトだとされています。

他のサイトより優れている点としては、掲載している物件数が多い、ほとんどの不動産屋が利用している、アットホームのサイト自体が不動産投資家のみに向けたサイトではない点が挙げられます。

アットホームは、実需向けでもあるため、割安な物件も多く掲載されており、実際、不動産業者がアットホームで見つけた物件を購入し、転売することもあるくらいです。

ですので、わたしたち不動産投資家も業者と同じようにアットホームで割安な物件を見つけることもできます。

SUUMO　https://suumo.jp/

ＳＵＵＭＯでは周辺家賃の適正相場を調べるのに便利です。

賃貸募集の際に、不動産業者がもっともよく使うサイトがａｔｈｏｍｅとＳＵＵＭＯと言われています。

空室が出た場合に、自分の物件がこの2サイトにしっかり掲載されているか確認するときにも使えます。

不動産ジャパン http://www.fudousan.or.jp/

不動産ジャパンはサイトが使いにくくて、毎日物件を検索するには根気がいるため、掘り出し物件が見つかる可能性大のサイトです。

土地代データ https://tochidai.info/

土地の取引相場価格と上昇率がランキングになっているサイトです。

わかりやすく土地の価格推移が把握できるので、見ているだけで楽しいサイトです。

日本地域番付 http://area-info.jpn.org/

国勢調査や政府統計を基にしたあらゆる地域のランキングがされているサイトです。

国のデータを基にしているので信憑性は高いと思います。

全市町村の財政力指数番付はとても参考になりますので、投資エリアを決める際には一度、確認されることをお勧め致します。

不動産投資の「せどり」で儲かる物件をちゃっかりと買う

不動産投資の世界で必ず出てくる言葉が、収益価格と積算価格という言葉です。

この2つは物件価格を決定する方法として使われていますが、正直なところどちらが正しい、どちらが価格を決めるという決定的な考え方があるわけではありません。

ですが、不動産投資を行っていく上では、必ず知っておかないといけない単語なのでご説明します。

結論を言うと、資産を拡大していくという点においては、積算価格を重視する方が得策だと考えています。

実際、自己資金をあまり使わずに、どんどん物件を買い進めていくパターンをとる場合では積算価格を注視しながら精査していくという投資家さんが多いです。

それはなぜでしょうか？

その理由は銀行が積算価格の方を重視しているからに他なりません。

正確に言うと、銀行は収益価格でも積算価格でも両方を使って試算するのですが、どちらか低い方で融資を決めるため積算価格が重視されるという言い方がされるのです。

収益価格と積算価格を比較すると、一般の流通物件であれば積算価格の方が低く出てきます。銀行はコンサバティブな世界ですから、低い価格で出てくる積算価格の方を担保評価として採用するのです。

実は、積算価格で購入するというのは、株の世界で言えばＰＢＲ１倍で購入するのと非常に似ています。

つまり、解散価値です。

解散価値で購入できるのであれば、仮に倒産しても元本の回収は確保できることになります。

そして、不動産の場合は、通常は銀行融資を利用して購入しますから、お金を融資する銀行側も、もし何かしら不測の事態が起きたことを想定すると、どうしても積算価格を重視してしまうのです。

わたしは、積算価格で購入していくというやり方は、株の世界で言うところのバフェットの投資法と似ていると考えています。

つまり、割安株投資、バリュー投資です。

できればわたしたちも、バフェットにみならい、積算価格以下で手に入れたいところです。

一方、収益価格のみを見ていく方法だと、どうしても積算価格よりも物件価格が高くなりがちになります。

実際、収益価格で見ている銀行はローンが多めに出ると言って投資家たちに利用されていますが、収益価格で見る場合は、購入価格が高くなる傾向があるため、いざ売却するという際に売却先に困るのと、融資付けの銀行に困ることになります。

なぜなら、収益価格で見る銀行の方が数が少ないからです。

積算価格を重視しながら物件を購入していくと、会社のＢ／Ｓの純資産部分が自然とプラスになってきます。

これは銀行融資においても非常に着目される点で、有利に評価してくれます。

ちなみに、会社の代表者からの多額の借入があって貸借対照表の負債比率が大きいと困っている大家さんがいらっしゃるかと思いますが、ご安心ください。

会社代表者からの借入に関して、通常、銀行は資本金と同等と見てくれます。

バフェットと並ぶ世界的投資家であるジョージ・ソロスは投資をするにあたり、必ず価格の歪みに着目していると言われています。

株の世界でも不動産の世界でも価格の歪みに目を付けて利益を上げている投資家はたくさんいます。

株の世界での価格の歪みは比較的早く修正されますが、不動産の世界における価格の歪みはかなり長期間にわたってほったらかしにされていることも多いものです。

わたしたちは、このサヤに目を付けて利益を上げることも可能なのです。

いわば、不動産投資で「せどり」をやるようなものです。

1棟も買ってないのにマイホームなんて絶対買うな！

積算価格の話と同じくらい大事なのが、マイホームの話です。

「皆さん、マイホームって資産だと思っていますか？」

という質問は、投資家であればどこかで聞いたことのある質問だと思いますが、答えはズバリ「資産ではない」です。

その理由は、収益を生むものではないからですね。

そして、残念ながらほとんどのマイホームは本来の価格よりも高い価格で取引されているということも意味します。

つまり、積算価格よりも高い価格で取引されているということです。

そのため、マイホームを購入した人の貸借対照表を作ったとすると、債務超過になっていることがほとんどです。

つまり、マイホームを買うと個人の貸借対照表が悪化することにより、財政状態が悪くなり銀行融資に不利に働くというわけです。

ですので、マイホームを買う前に収益物件を買いましょうという話になるのですが、実はこれ、このような事情を踏まえると、非常に理にかなった資産形成のやり方なのです。

第2章

手残りを永遠に生む物件を
一瞬で見抜く方法

この章を読む前に

大谷さんは早くリタイアしたいって言ってたけど、「何年でリタイアする」とか目標はあるの？

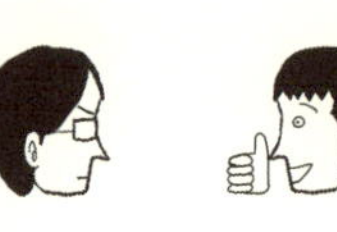

いやー、それを聞かれると弱い。ホント漠然と「リタイア」って思っているだけでして。

「儲かる物件」っていっても、ざっくり分けて4種類あるの。どの物件にも長所と短所があるから、自分の目標を決めてから、それに適した物件を選んだほうがいいよ。

一棟マンションが儲かる、ってイメージがあるのですが・・・

キャッシュは出やすい、っていうのは事実だと思う。でも、運悪く「大規模修繕」が必要な時期にかちあったら、それだけで数千万円かかることもあるんだよ。

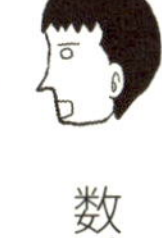

数千万！

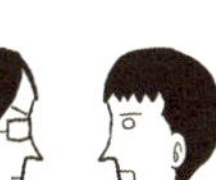

もちろん、売却益を得やすいとか、メリットも多いんですけど。

あ、それは出口戦略ってやつですね。

うーん、この言葉も一人歩きしていると思う。不動産投資ってあまり「出口戦略」って考えなくていいと思うんですよね。

えっ、それはなぜですか？

どう計算したって、保有してインカムゲインで稼いだほうが収益性がいいんですよ。売却でイチバン得するのって、僕は業者さんなんじゃないかな、って思ってます。キャッシュを生む「本当の知識」だけ身につけていけば、大谷さんも自分が思うより早くリタイアできますよ。

「儲かる物件」4種とその長所・短所

儲かる物件をどのように探していけばよいのかというのは、皆さんとても興味のある話だと思いますが、その前に、ご自身が将来、どのようになっていたいのかを明確にする必要があるのではないかと思っています。大谷さんと同じように目標がない状態で、不動産投資を行うことは危険だと思います。

というのも、ご自身が将来どのようになっていたのかが明確になっていないとどのような物件のタイプを選んでいけば良いのかも分かりませんし、なによりご自身の将来を具体的にイメージできないと思います。

例えば、副収入は欲しいが手間は絶対にかけたくないという考えの人もいれば、手間はかかってもいいからキャッシュフローを追求していきたいという人もいると思います。

もしくは、キャッシュフロー毎月50万円で良いという人もいれば、毎月２００万円欲しいという人もいるでしょう。

そのため、物件をタイプごとに分けて、それぞれどのような特徴があるのかを確認していきたいと思います。

区分マンション

区分マンションにもいくつかあります。

単身者向けのワンルームだったり、ファミリー向けの区分だったりがあります。

利回りで言えばワンルームの方が高くなります。

そして、区分マンションはワンルーム、ファミリー共に一般的に積算価格が売り値の半分くらいだと言われています。

そのため、販売価格と積算価格の差額部分が発生しますが、その分は個人の信用枠で補塡し融資が行われていると思われます。

結果、貸借対照表を作ると債務超過になっていることが多くなります。

ファミリー向けを運よく安く買うことが出来れば、売りたいとなった時、実需向けに販売できるので売りやすさはあるかもしれません。

区分マンションは部屋が1つしかないので資産形成やキャッシュフロー形成に時間がかかるというのが難点です。

戸建て

戸建ては流通している物件のほとんどがマイホーム用として流通しています。

そのため、元々賃貸用として作られているアパートやマンションと比べて作りがしっかりしているのが特徴です。

また、数百万円で販売されていますので、初心者には始めやすい金額となっている点も魅力です。

ネット上で販売されているものを見ても、大抵、耐用年数を超えているものが多いため、土地値で買っていくという方法を取れば非常に手堅い投資になると思います。

戸建ても区分マンションと同様に部屋が1つしかないので資産形成やキャッシュフロー形成に時間がかかるというのが難点です。

戸建てを選好されている投資家さんは高利回り物件が多いため、キャッシュフローが多いという傾向があります。

木造アパート

木造アパートは新築派と中古派に分かれます。

新築の利回りは通常8%〜10%、中古であれば10%〜15%くらいでしょうか。

新築でも工夫を凝らして利回り12%以上出されている方もいらっしゃいます。

中古でも割安なものは利回り20%で販売されているものもあります。

傾向としては新築の方が客付けしやすく銀行融資も通りやすいですが、中古は客付けはまあまあで銀行融資は通りにくいというのがわたしの感触です。

新築の方が融資が通りやすいのは、耐用年数をまるまる使えるという点と減価償却されていないため建物の積算価格が高く出るというのが大きな理由です。

木造アパートも価格帯が安いものが多いので、初心者が始めるにはもってこいの物件タイプだと思います。

中古アパートであれば土地値で購入していく方法を取れば債務超過になりにくく銀行からの評価も高くなるでしょう。

一棟マンション

一棟マンションの種類にはＲＣ（鉄筋コンクリート造）とＳＲＣ（鉄骨鉄筋コンクリート）があります。

一棟マンションは新築で建てるという人は少なく、中古で買っていく方が多いです。

新築時の建築費が高いため、中古でも物件価格は高い傾向にあります。

ＲＣ、ＳＲＣは建物の持ちも良いため法定耐用年数も47年と長くなっています。

積算価格が高い傾向にあるので、銀行評価が出やすく融資を受けやすいという特徴があります。

キャッシュフローも出やすいため収益性は良いと思います。

一棟マンションであれば売却時の売却益で大きくサヤを得ることも可能なため、その点、魅力があります。

ただし、修繕費が高くなりますので、大規模修繕が発生した際には数千万の出費となることもあります。

※　※　※

このような物件ごとの特徴を踏まえて自分に合った物件タイプを決めて、ネットや不動産業者から物件を探して見つけていくという流れになります。

周辺家賃や間取り、駐車場の有無をチェックしGoogleストリートビューも活用しながら購入に値する物件かどうかを精査していきます。

超カンタンな積算価格の計算法

ネットや不動産業者から物件情報が手に入り、目ぼしい物件が見つかったら、積算価格を出していきます。

土地の価格を出すには、国税庁から公表されている相続税路線価を使って出していきます。

具体的には、対象物件の相続税路線価を調べて平米数をかけることで土地の値段を出していきます。

倍率地域となっている場合は、固定資産税評価額にその土地ごとに定められた倍率をかけることで土地の値段を出していきます。

建物価格については、おおむね木造、軽量鉄骨であれば平米14万円、鉄骨であれば平米15万円、ＲＣであれば平米20万円が銀行の見方になります。

その単価を建物の延べ床面積にかけることで建築時の建物価格を出していきます。

その価格から減価償却分を減価して建物価格を出します。

あとは土地と建物の金額を足せば、積算価格を出すことができます。

銀行が融資する際には、その積算価格に対して70％をかけた金額が通常、融資額となる場合が多いでしょう。

指値がすっごく通りやすい物件

流通物件においては、競売と違い販売価格は売主の言い値か業者の言い値がそのまま反映されています。

そのため、価格は交渉次第で下げることが出来ます。

最近では大幅な指値をする人も増えましたが、指値が通りやすい場合というのがありますのでご説明します。

指値が通りやすい物件は相続で売り急いでいる物件が最も指値が通りやすいです。

売主は相続があったことを知った日から10か月以内に申告をする必要がありますし、延納をしないのであれば納税も10か月以内となります。

そのため、急ぎでお金が必要ですから早く現金化する必要があるため、指値が通りやすいわけです。

また任意売却物件も指値が通りやすい物件となります。

ただし、すでに持ち主に売り値の権限がなく、仲介業者を経由して銀行とのやり取りとなります。

そのため、銀行の許可が必要ですが、指値が通りやすい物件であることには変わりありません。他には、全部空室となっている物件や修繕費用がかさむ物件であればリスクが高いですから、指値をしてみる価値があるでしょう。

賃貸需要をサクッと判断する5つのポイント

市場の相場よりも安く買えて、このまま貸せば利回り最低でも20%はいくぞ！

そう意気込んで物件を購入したまでは良かったのですが、実際に購入して運営した際、入居が一切決まらない、入居希望者の問い合わせすらない、そんな危機的な状態に陥らないようにするためにはエリアを上手に選定していく必要があります。

いくら利回りが高い物件を手に入れたとしても、郊外のポツンとしたところにたった1軒だけが建っていればその利回りは絵に描いた餅になりかねません。

不動産は一度買ってしまえば、場所を移動できないので場所選びこそが肝だとも言えます。

人によっては市街化区域しか投資エリアとして考えていないという場合もあれば、市街化調整区域や非線引き区域まで含めて果敢に攻めていくという人もいらっしゃると思います。また、ターミナル駅から5分の好立地でしか買っていきませんという人もいれば、駅から30分以上離れた土地でも取得を進めていくという人もいらっしゃることでしょう。

このように、エリア選定は人によって様々な考え方があり、どれが正解だということはないものと思います。辺鄙な土地でもしっかり入居者が付いていればそれはそれで正解だったというわけですから。

ただ、博打の要素を極力省き、成功する確率の高い不動産投資をしていくという観点から見れば、入居者の付きやすいエリア選定の考え方というのは存在するものと思っています。では、「どのような場所を選んで買っていけば良いのか」という問いの答えとしては個人的には「賃貸需要のある地域」と考えています。

そんなの当たり前でしょ、と思うかもしれませんが、利回りの高い物件を探していると、目の前の利回りに目がくらんで、ついつい初歩的なポイントが頭から離れたまま物件選びをしてしまう投資家さんたちもいるのです。

賃貸業として入居者に貸し出すことで家賃という報酬を得ていくわけですから、賃貸需要のある地域に物件を購入していく必要があるというのは最も大事な点ではあるのですが、正直これだけではイメージが湧かないと思いますので、より具体的に掘り下げていくとこのような感じになるかと思います。

①「周辺に生活基盤があるか」

周辺の生活基盤として存在する施設としては、近くにスーパーがあるのかどうか、また近くに小学校や中学校があるのかどうか、郵便局、市役所、銀行があるのかどうか、最低限このような施設が近くにないと生活に支障が出ますのでこれが近くに存在するのかどうかという点が判断要素として大事になってきます。

たとえば、ファミリータイプの物件だとすると、スーパーは車で行けるので良いとしても、小学校や中学校に関しては徒歩圏でないとなかなか賃貸需要はないのではないでしょうか。また地方物件で、駅から離れているのに駐車場のない物件も同様といえます。

加えて、生活基盤という点でいえば、上水道が通っているのかどうか、下水管は近隣まで伸びているのかどうか、ないのであれば浄化槽で処理しているのかどうか、これらの設備面についても賃貸需要に影響してくるため、必要な視点だと言えます。

戸建てを探しているとよく見つかるのが井戸の物件です。

その近隣一帯が井戸で生活しているのが一般的なのであれば、井戸の物件も投資対象として含めてよいものと思いますが、その物件だけが井戸であるなら投資対象から外すべきです。

その地域の下水道普及率を調べるには、「○○市　下水道普及率」で検索すればすぐに調べることができます。

似たような話で、汲み取り式のトイレに遭遇することもよくあります。

汲み取り式トイレの普及率というのは、公共下水道普及率と浄化槽普及率を足せば残りのパーセンテージが概ね汲み取り式のトイレ率だと思われますが、そもそも汲み取り式トイレは賃貸物件として人気がないので投資対象から外してしまった方が良さそうです。

②「近くに賃貸物件があるか」

また、近くにアパートやマンションなどの賃貸物件が存在するのかどうかという点も大事な点だと考えています。そもそも賃貸需要のない地域にアパートやマンションは存在しないと考えられますので、近くにアパートやマンションが存在していれば賃貸需要はあるものと考えられます。

そして、アパートやマンションが存在していれば、次に近隣のアパートやマンションの入居率も見ていく必要があります。

近隣の入居率が半分を切っているようなエリアであれば賃貸需要は低いものと考えられますが、戸建てをメインに攻めていくのであればそのようなエリアであったとしても客付けは十分行えるものと思います。

③「駅からの距離はどうか」

他にも、賃貸需要があるかどうかを判断する上で、最も大事な点が駅からの距離です。

東京の中心部は別として、ある程度郊外や地方物件であれば駅から2km前後を1つの目安にされると良いと思います。駅から2㎞であれば自転車で行ける距離ですし、歩いてでも通勤することは可能な距離です。それ以上、離れるとバスを使うことになるかと思いますが、バスを毎日駅まで通う手段として使うにはとてもストレスを感じるのが普通の感覚でしょうから、やはり駅から2㎞というのが良い目安になるものと思います。

④「災害危険エリアに指定されてないか」

あとはハザードマップを利用するのも有効です。

災害危険エリアに指定されている地域であれば、賃貸需要にも影響してくるでしょうし、もし実際に災害が起きて被害が発生したとすれば入居者の命にかかわる問題にもなりかねません。

「○○市　ハザードマップ」で検索すればすぐに調べることができます。

洪水（浸水）、土砂災害、津波といった災害が起こりうる可能性を秘めた地域をすぐに調べることができます。

⑤「地元の不動産業者の評判はどうか」

これ以外にも賃貸需要の有無を見極める方法として、地元の不動産業者に聞き込みを行うという方法も非常に有効です。

実際に訪問して聞き込みを行う方法でも良いのですが、わたしは電話で済ませることがほとんどです。

わたしの場合、投資する地域は土地勘のないエリアばかりです。

そのため、ネットで情報を集めるか、人から聞いて集めるしか方法がないわけです。

人から聞いて賃貸需要があるかどうかの情報を集める方法としては、地元の不動産屋さんに聞くのが一番確実な情報源です。

物件を売り込む際には情報を隠してあとは知らん顔をする業者が多い中、地元の賃貸需要については本当のことを話してくれる不動産業者が多いというのが私の感触です。

具体的な聞き方としては、

「○○の地域で収益用で物件を探しているのですが、賃貸需要はありますか?」

「○○アパートを収益用として購入しようとしているのですが、近隣の入居率はどのくらいありますか?」

「○○地域の客付けは最近いかがですか?」

といった聞き方で、地域の賃貸需要に関する情報を集めるのです。

もし、狙った物件のエリアで賃貸需要が低いという答えが返ってくれば、

「どの地域だと賃貸需要が高いですか？」

「人気のエリアはどの辺りになりますか？」

といったように再度、質問を投げかければ賃貸需要の高いエリアを教えてくれます。

ついでに、そのエリアで売り物件はないか聞いてみると良いでしょう。

ちょっとした一言で掘り出し物が見つかることもあります。

不動産業者は常に買い手を探していますから、どんどん積極的に情報収集していくべきです。

業者に対して遠慮はいりません。

そういったことを繰り返していけば、そのうち仲の良い不動産業者もできてくるでしょうし、割安の地下物件情報をいち早く教えてくれることにもなるでしょう。

このような感じでわたしも業者に連絡を取って情報収集をしています。

収益物件は欲しいけれど、どういう場所に物件を購入していいかわからないという人は大勢いらっしゃるかと思います。

そのために、行動するための最初の一歩が踏み出せないという人もいるかと思いますが、そのようなときには、こちらに記載した内容をご参考にしていただけたらと思います。

最適な投資エリア範囲とは？

投資初心者に限らず、何年も不動産投資をしているベテランの人においても物件の所有地域が点在している人がよくいらっしゃいます。決して悪いわけではないのですが、どちらかというと投資対象は絞って行った方が管理の目も行き届きやすいのが普通です。数か所であれば管理の目も行き届くかと思いますが、10か所以上となるとなかなか難しいのではないでしょうか。

専業大家さんであったとしても、物件の地域が散らばっていると手薄になる物件もいくつか出てきてしまうものです。

そうなると現地の不動産業者との連絡が途絶えがちになり、関係性も薄くなってくるため、空室時の入居案内に影響が出ないとも限りません。

大家さん本人が所有している物件数が全体として多かったとしても、点在している場合、その地域における管理会社や地元の不動産業者からすれば、「その物件の大家さん」という目でしか見られないというのもデメリットとしてあります。

以前、セミナーで日本全国47都道府県すべてで物件を所有し全国制覇したという人とお会いしたことがありましたが、管理が行き届いているかどうか、本人も把握できていないという状況だとのことでした。

物件の数を競うようなことをして他の投資家たちと見栄を張りあっても、中身がなければお金が出ていくだけになり、投資効率は非常に悪くなります。

物件の数が多ければ全体としての賃貸経営も安定するのはもちろんなのですが、できることならエリアは絞った方が上手な運営が可能なものと思っています。

目が行き届かなければ稼働率にも影響してくるからです。

エリアを集中して持つことで、地元の不動産業者に一目置かれる存在として見られることとなり、新しい売り物件情報も早めに回してもらえたりするというメリットもあります。

私のお客様でも上手に運営されている方は、投資エリアが集中していることが多いです。

たとえば、千葉の八街エリアに特化するとか、埼玉の熊谷エリアに特化するとかいうのも良い方法だと思います。

まずは拠点をどこかに決めて、そこを中心として物件を増やしていくという方法を取れば非常に堅実な不動産投資ができるでしょう。

これは業種を問わず言えることで、不動産賃貸業以外の業種でも似たような戦略が取られています。

たとえば、飲食店業界においても同じことが言え、ある地域に集中的に出店することで認知度を高め、集客力を上げるという方法が昔から行われています。

認知度が上がれば広告費も下げられますから、利益率アップにつながるというわけです。

不動産投資だけをしているとなかなか他業種のやり方には目が行かないものですが、本業をお持ちのサラリーマンの方であればお勤め先の会社のやり方に目を向けて賃貸業に応用できないかなどといった視点を持たれることで、新たな発見があるかもしれません。

繰上げ返済をするなら新規に物件を取得するべき理由

不動産投資をしていく上で判断に迷うことはたくさんありますが、その1つに繰り上げ返済をすべきかどうかという話があります。

家賃に手を付けずにちゃんと取っておけば通帳の残高は自然と増えていきます。

そのお金の使い道を繰り上げ返済に使うべきか、どうするべきかというご相談をいただきますが、わたしは繰り上げ返済をすべきでないと考えています。

その理由は金利と物件の利回りの関係にあります。

銀行金利は通常であれば1～2％台が普通です。

不動産投資への融資に積極的なことで有名なスルガ銀行は、金利が高いことでも有名ですがそれでも4.5％です。

物件の利回りはどのくらいあるでしょうか。

首都圏の新築区分マンションであれば4～5％台がほとんどですが、首都圏の新築アパートであれば7％前後が今のところ相場です。

地方に行けば、アパートの利回りは10～15％が相場です。

地方の戸建ての利回りは15～20％が多いのではないでしょうか。

それでは、通帳に残った銀行残高を繰り上げ返済に使った場合、どれだけ得をすることになるでしょう。

それは、銀行の借入金利である1～2％分だけ得をすることになります。

一方、その通帳残高を新たな物件取得に使った場合は、どれだけ得をするでしょう。

それは購入した物件の利回りと金利との差額分だけ得をすることになります。

仮に金利が高いスルガ銀行で借りたとすると、

首都圏の新築区分マンションであればほとんど差額はゼロ。

首都圏の新築アパートであれば2.5％前後。

地方のアパートは5.5～10.5％。

地方の戸建ては10.5～15.5％。

金利1～2％で借りたとすれば、この差額分はさらに多くなります。

仮に1％としてみましょう。

首都圏の新築区分マンションであれば3～4％、
首都圏の新築アパートであれば6％前後。

地方のアパートは9～14％。

地方の戸建ては14～19％。

差額分がかなり大きくなってきましたね。

つまり、これを見ても分かるように、繰り上げ返済するよりも新たな物件を取得した方が得をすることが明らかなのです。

購入する物件の利回りが高ければ高いほど、差額分も大きくなり得する金額も大きくなっていきます。

ただ、スルガ銀行から金利4・5％で借りている状態で、かつ購入しようとしている物件の利回りが3％ぐらいだと、逆に繰り上げ返済した方が得になるということになります。

収益物件から話はずれますが、持ち家の住宅ローンで言えば、さらに繰り上げ返済の必要性は薄れます。

なぜなら、住宅ローンの金利は通常1％以下の場合が多いためです。

今借りている金利が安ければ安いほど、繰り上げ返済は非効率な支出となります。

細かいところで他にも議論すべき点があるかもしれませんが、大筋の考え方としてはこのように考えて問題ありません。

繰上げ返済は次の融資に悪影響を与える？

ここで、もう1つ別の論点があります。

借入した以上は、銀行にもある程度は儲けさせてあげないと次の融資の時に影響するかもしれないという点です。

というのも、繰り上げ返済をすれば銀行側としては、本来得られたであろう利息を取り損ねた状態になるわけで、その分、利益が減るわけです。

銀行側が融資すると判断した当初は、100の利益が見込まれていたにもかかわらず、繰り上げ返済をすることで90の利益に減ってしまうのです。

この本を読まれている方は投資家さんなので、経済的合理性を追求するのが正義ですから、自分が得をして相手がその分だけ損をするのはしょうがないではないかと考える方も多くいらっしゃるかもしれませんが、現金で買う場合は別として、融資で購入するのであれば購入できるのは銀行の協力があってこそ他なりません。

そういったことからも、今後の協力関係を築くために繰り上げ返済でなく、節税など他の方法で利益を上げる方が得策ではないかと個人的には考えております。

近江商人の言葉に、「売り手よし、買い手よし、世間よし」という三方良しの言葉がありますが、この言葉の意味は商売において売り手と買い手が満足するのは当然のことであるが、それだけに留まらず、社会に貢献できてこそよい商売といえるのだという考え方を示したものです。

この三方の中に、銀行さんも加えてあげても良いのではないでしょうか。

融資を申し込む際に、銀行同士を競わせて金利の引き下げを狙うという方法は一般的に行われており、それは正しい方法だと思いますが、いったん融資を受けてからはその条件で約束を守ってあげるのが、銀行との良い付き合い方なのではないかと思います。

イチバン得する最適な出口戦略

不動産投資をやっている方であれば、必ず聞いたことがある言葉で出口戦略という言葉があります。

「不動産投資は出口戦略が大事だ」、「最終的に売却してこそ利益が確定されるのだ」という話ですね。

株式投資では必ず最後は売却で終了することになるかと思いますので納得できるのですが、不動産投資においては必ずしもそうとは限らないのではないかというのが今のところのわたしの考えです。

一時期、出口戦略という言葉をよく耳にするようになったので、わたしも気になりシュミレーションしてみたことがあります。

今持っている物件を売った場合と、そのまま持ち続けて家賃収入をもらい続ける場合で計算してみたのですが、どう計算してもそのまま持ち続ける方が利益が多いし儲かる計算になるのです。

結構膨大な計算量になるので、ここに紹介することは控えますが、何度やってみても、（途中の修繕費やその他の支出を考慮したとしても）やはり持ち続ける方が儲かる計算になりました。

そのようなこともあり、わたしの考えは出口戦略＝売却ではなくても良いと考えるようになりました。

今現在、わたしが考えている出口戦略としては、子供や孫の代までもずっと持ち続け、永続的に家賃収入を得ていくにはどうすればよいのかというものです。

つまり、わたしにとってのもっとも最適な出口戦略とは、子供へ物件を引き継がせ、引き続き賃貸物件として末永く運営することだと考えています。

確かに、資産の買い替えや入れ替えという考え方もあって、物件を売却する代わりに他の物件を取得するというやり方もありますが、高く売却しようと思えば景気の良い時期や株価の高い時期に売却時期を合わせる必要があります。

その後、代わりの物件を購入していくのだと思いますが、売った時期が価格の高い時期なのであれば、新しく購入する時期も価格の高い時期になってしまうので、効果が薄れるものと思います。

また、安い時期まで待って買おうとすれば、その間、得られたであろう家賃をもらい損ねることになるので、たいした意味がない。

悩ましいことに売却すればしたで、税金がかなりかかります。

個人で売却すればなおさらですが、法人で売却しても対策を講じなければ多額の税金がかかってきます。

そういったことを考えると、思ったより売却益が手元に残らないので売らない方が楽だという結論に至りました。

物件売却で一番トクをするのは業者？

そして、一番大事なのが、出口戦略を声高に叫んでいるのがたいてい不動産業者であるという点です。

彼らは物件の流通がなければ利益がないので、買いと売りを勧めてきます。

証券会社も同じようなものです。

さらに、出口戦略を論じる人の多くがＲＣなどの大型物件を所有する人達であるという点です。

ＲＣは築年数が古くなってくると、修繕費が多額に膨らんできます。

そのうち、キャッシュフローだけではまかないきれないくらいの金額になってきます。

ＲＣでは、そういったことがあらかじめ予想できるので、出口戦略を考える必要が出てくるものと思います。

キャッシュフローが一番出て、修繕費も少ない時期にだけ所有してあとは売却し、次の物件を探すというやり方になってきます。

ただ、ＲＣは木造などと違い売却時の利益が数千万円や1億以上という金額になってくる場合もあるため、その点、魅力がありますね。

話は戻りますが、頻繁な売買を避けたいという思いもあり、建て替えを繰り返すことで永続的な保有を目指すというように考えています。

高収益のためのリフォーム法をマスターしよう

せっかく割安で物件を取得したとしても、リフォーム代が多額にかかってしまえば苦労も水の泡です。

そのため、高収益で賃貸業を回していくことと、安くリフォームを仕上げることは車の両輪の関係にあります。

わたしも数年前にセルフリフォームを実践しようと思い、3か月間みっちり習いに行ったことがあります。

そこで気づいたのは、リフォームをする際の注意点として自分で住みたいレベルにまでリフォームする必要はまったくないという点です。

そもそも、賃貸物件を探している入居者はそこまでのレベルを求めていないのです。

よくやってしまいがちな無駄遣いが、1か所、集中的にフォームするとリフォームしていないところが逆に目立ってしまい浮いて見えてしまうので、それを隠そうとしてリフォームの範囲が際限なく広がってしまうことです。

リフォームの目的は入居者を付けることです。

あくまで入居者が付いてくれればそれでいいので、リフォームを行う範囲は必要最低限で大丈夫です。

特に戸建てであれば賃貸需要が高いですから必要最低限にリフォームを行い、もし、必要であれば入居者の方で自由にやってもらうという方法でも良いと思います。

そして部屋全体に清潔感を与えたいなら、基本色は白をお勧めします。

木部の柱も壁紙も天井もすべて白にすると実際の平米数よりも広く感じますから、入居者さんも気持ちよく住めるでしょう。

もし、外壁が痛んでいれば直さないと建物全体の持ちに影響するので修繕すべきだと思いますが、リフォームの基本的な考え方として、外側にお金をかけるよりも内装にお金を回した方が客付けの反応は良いという傾向があります。

そのため、建物のエントランスを豪華にするよりも部屋の中をクッションフロアーからフローリングに変更したり、一部分にアクセントクロスを使ってあげたりする方が入居者は喜んでくれます。

もし、時間に余裕がある方であれば、戸建ての外壁塗装はセルフリフォームで仕上げるのも良いでしょう。

ペンキは素人でも思ったより簡単に塗れます。

もし、業者に依頼するのであれば、管理会社経由ではなく直接、職人に依頼した方がずっと安く済みます。

以前、アパートの屋根の葺き替えの見積もりを取った際、管理会社経由の見積もりは400万円でしたが、自分で職人を見つけて直接依頼した際の見積もりは80万円でした。

修繕の内容はまったく同じなのにもかかわらず5倍の差です。

わたしは大きな修繕がある場合は必ず業者を探して、直接依頼を行っています。

リフォームを安くあげる方法は、リフォームの仕方を工夫する必要がある点と、職人に直接依頼するという点が大きな比重を占めると考えています。

自分をベテラン投資家っぽく見せるテクニック

そして、リフォーム業者や職人と対等に話すためにも、サンゲツ、シンコールあたりで見本帳を請求し、手元に置いておくと良いでしょう。

見本帳を見ながら、品番をチェックしつつ「アパートの屋外廊下の補修工事をするなら、ノンスキッドのPM-980シリーズ以外なら大丈夫ですよね？ 接着剤はエポキシを使って欲しいのと、端部は変成シリコンの方が接着強度が強いのでそちらを使ってもらえます

か？」などといいながら、さりげなくサンゲツの品番を出して話をすれば、こんなはずじゃなかったということにはならないはずですし、相手も「この人、素人じゃないな…」と思い、手抜きをせずにきっちり施工してくれるかもしれません。

加えて、遠隔でリフォームを依頼する際にも、同じ見本帳を見ながら話が出来るので、話が早いですし相手も安心して話ができるでしょうから、とても役に立つツールになります。

高利回り&ローリスクな物件は探せばあります！

投資家さんたちとお話していて気になることがよくあります。

それは利回り＝リスクと考えている点です。

一般的に見ると、リスクとリターンは比例するというのが当たり前なのですが、不動産投資においてはその関係が当てはまらないと考えています。

というのも、利回り5％だからといって安全かというと決してそうではないからです。

利回りが低いということはそれだけ収益性が低いですから、何かの出費があった際に家賃だけで補填できない可能性があります。

ですが、利回りが高ければ毎月のキャッシュフローがしっかりしていますので、突然の出費に対してでも対応することができます。

確かに高利回り物件は、表面利回り通りに運用できない場合が多いですが、それを加味しても高利回り＝ハイリスクだとはどうしても考えにくいと思っています。

実際、わたしの物件で利回り24％のアパートがありますが、ハイリスクかというとまったくそんなことはありませんし、今でもしっかり稼いでくれています。

むしろ、運営していて感じるのが、高利回りだからこそローリスクなのではないかと考えてしまいます。

利回りがリスクをカバーしてくれているように感じるのです。

ですので、不動産投資の世界においては高利回り＝ハイリスクではなく、むしろ高利回り＝安全な投資先であると考えてもらっても良いのではないかと思っています。

第3章

本当は教えたくない
手残り大幅アップのための税金の秘訣

この章を読む前に

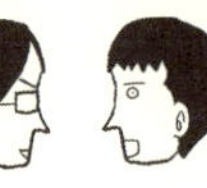
先生は融資を使って、物件を取得していったわけじゃないんですよね。

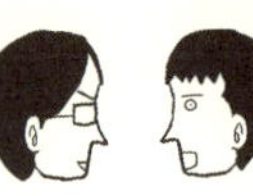
そう。現金で取得していったよ。無借金経営。

「不動産投資は融資のレバレッジが効くのが魅力」という意見は、よく聞きますが、どう思いますか？　フルローンでどんどん物件を購入していったほうが、よいのでしょうか？

「融資は借金だからよくない」なんてことは言わないけど、自己資本をまったく入れないでローンを組むのは危ないと思うよ。

目安みたいのはあるんですか？

返済比率で考えるのがオススメだね。最低でも返済比率は50％未満。

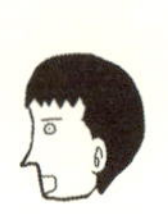
そうですか…「融資でどんどん物件を購入していって、数年でリタイ

ア！」なんて、どこかで考えていたのですが。

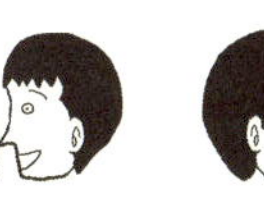

それもさっきいった「目標」だよね。大谷さんの目標が「数年でリタイア」なら返済比率を高くしてでも、その道に挑戦すればいいわけで。

いや、僕は大口叩くけど、内心ビビりなんで、選ばないと思います。

物件購入前は気持ちが昂ぶっているときが多いけど、経営収支を甘くみちゃいけないよ。競馬で初めっから飛ばしすぎる馬って、すぐ失速するでしょ。あれと一緒。過度な幻想を抱かず、現実を直視しながら、投資することが重要だよね。

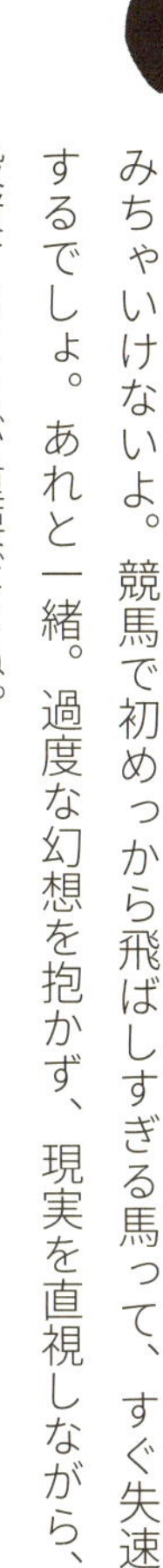

僕、競馬よりパチンコ派なんですよね。好きな台は黄門ちゃまです。

いや、知らんがな…

死ぬほど大事なキャッシュフローの計算式

不動産投資では積算価格を重視する方が割安で買える可能性が高いという話をしましたが、不動産投資でもっとも投資家が期待しているもの、それは何でしょうか?

それは毎月のキャッシュフローです。

ただ安く買えたとしてもキャッシュフローが出ていなければ、財布のお金は増えていきません。大谷さんは融資に関心が高いようでしたが、キャッシュの状態は融資審査にも影響を与えます。

わたしたち不動産投資家が経済的自由を手に入れるには、キャッシュフローの出る物件を買い集め、そして買い続けることです。

ですので、ここではキャッシュフローの話をしますが、一般的な世界で言うところのキャッシュフローとは次のようになります。

①現金収入－現金支出＝キャッシュフロー

またはこのように表現されることもあります。

②税引き後当期純利益＋減価償却費＝キャッシュフロー

どちらの式も正しいのですが、わたしたち投資家には①の式が合っているのではないでしょうか？

わたしたち投資家は、このキャッシュフローをいかに最大化させるか、という点に血道を上げているわけです。

ですので、キャッシュフローが出ない物件はそもそも買う価値がないと考えて問題ありません。

キャッシュフローを最大化するという議論は、購入前も購入後も続き、最終的な売却価格を決める際にも影響してきます。

つまり、投資をしていくなら最初から最後まで影響してきますので、とても大事な考え方となるのです。

では毎月のキャッシュフローをプラスにしてくれ、しっかりと利益を出してくれる物件はどの程度の利回りが必要なのかというと、個人的には表面利回りが新築で10％、中古で15％は必要かと考えています。

最後にガッツリ儲ける最適な返済比率

返済比率とは何の指標かというと、賃貸経営の安全度を示す指標と考えるとわかりやすいと思います。

フルローンを組むとどうしても返済比率は上がってしまいますが、最低でも返済比率は50％以上にすべきではないと考えています。

というのも返済比率が高いと、手残りのキャッシュフローがほとんど出てこないからです。

できれば、手元の現金を多少使ってでも返済比率は30％以下にすべきです。

そうすれば、手残りのキャッシュフローも十分残り、次の物件取得に弾みがつきます。

常に満室という状態はなかなか難しいですから余裕を持って経営していかないと、長期間の賃貸経営をやっていく上でつまづきやすくなります。

返済比率30％以下にするということは、つまり、家賃収入に対する銀行返済額（金利も含む）を30％以下にするということになります。

この返済比率が60％超となってくると、手元のキャッシュフローがなかなか貯まりませ

返済比率60%では手残りがほとんど残らない

	返済比率30%	返済比率60%
家賃収入	100（万円）	100（万円）
経費率	15	15
空室率	10	10
返済費	30	60
手残り	**45**	**15**

※満室家賃収入100万円と仮定した場合

ん。

例を挙げましょう。

返済比率30％の場合と、返済比率60％の場合を比べてみます。満室の家賃収入が月100万円だとします。経費率が15％、空室率が10％という条件だとすると表のようになります。

返済比率30％の場合は手残りが45万に対して、返済比率60％の場合は手残りが15万になってしまいます。

毎月100万円も入ってくるのに手残りが15万円だと年間180万円しか手元のキャッシュフローは増えないということになり、経営内容としてあまりよくありませんね。

もし、空室率が上昇し、2部屋、3部屋と空室が出た場合、15万円のキャッシュフローでは客付けの広告費や修繕費の捻出が厳しくなってきます。

このような結果の差が表れるため、返済比率は非常に重要なポイントとなります。

そして、返済比率を低くするポイントは、収益性の高い物件を選ぶこと、割安で手に入れること、自己資金を入れること、となります。

購入前はもっとも気持ちが高ぶっているときですので、収支を甘く見がちになります。過度な幻想を抱かず、しっかりと現実を直視する必要があるのです。

例外なしに絶対買ってはいけない物件

不動産投資が流行りだして、もう20年近く経ちますが、実は、今も昔も儲かる物件、損をする物件というのは変わっていません。


損をする物件、絶対に買ってはいけない物件としての代表格が、新築ワンルームマンションです。

新築ワンルームマンションは買う前から、損失が出るのが確定されている商品です。

わたしは不動産投資を始める前も後も、新築ワンルームマンションには全く興味がなかったのですが、税理士の仕事をしてからお客様の中に、新築ワンルームマンションを選考したがる方がいるというのがわかってきました。

お話をうかがうと、「不動産投資をして副収入を得たい気持ちはあるのですが、いきなり一棟物を買うのは気が引けるしリスクが高いのではないか」という意見が多いことがわかりました。

ですが、ここで説明をするまでもなく、新築ワンルームマンションは投資として成り立っていないのは収支を見れば明らかです。

そもそものスタートがマイナス収支から始まっているからです。

ですので、投資目的で新築ワンルームマンションを買うのは、完全なタブーですね。

中には、そのように説明してもご理解いただけない方もいるので、「何でも試してみる」という実践型税理士を標榜するわたしは、どんな営業トークをしているのか気になり、新築ワンルームマンションを売っている業者に問い合わせて、営業をかけてもらったことがあります。

実際に数回ほど話を聞いてみました。

いずれも違う会社の違う営業マンですが、どれも新築ワンルームマンション業界では有名どころばかりです。

まず、最初に資料請求をします。

そうすると、数日以内に電話がかかってきます。

「新築ワンルームマンションを扱っている、株式会社ABC不動産（仮名）の東雲結子（仮名）といいます。新築ワンルームマンションをお探しなのですか？　少しだけなのでお会いするお時間いただけますでしょうか？　ほんの5分ほどで構いません。」

電話がかかってくるのは、女性が多かったですね。

5分で話が終わるわけがない、と心の中で思いながら、矢継ぎ早に質問を投げかけてくるのが面倒なので、さっさとアポを取ります。会う場所は、近くの喫茶店を指定します。

会社に来てくださいと言われても、時間がもったいないので必ず近くの喫茶店で話します。

新築ワンルームの営業トーク例

営業マンは1人で来る場合と、2人で来る場合にわかれます。

1人で来る場合はある程度慣れたベテラン営業マンが多く、2人で来る場合はベテランの営業マンの男性と見習いの女性の営業マンという組み合わせが多かったですね。

1人で来る場合には、女性のみで来ることもありました。

まず最初に、うちの物件はこれだけすごいんだ！　という話から始まり、たたみかけるようにこれだけの販売数や実績があり、今の不動産市況なら早く始めるべきだし、しっかりとした大手の施工業者が建てているので購入後も安心、集客力にも問題ない、といった話が続きます。

「弊社の物件は駅5分で客付けには困りませんよ。」

「しかも、見てください！　このエントランス。とっても綺麗でこれだけの高級感が出せるのはうちのＡＢＣシリーズだけで、お客様からもとても好評をいただいておりますぅ～」

うん、まぁ新築分譲マンションだから好立地で高級感がないと誰も買わないよね、というわたしのつぶやきを無視するかのように、東雲さんはトークを続けます。

その後、次に不動産投資のメリットを話していきます。

メリットの部分では、大体、団信に入れば生命保険代わりになっていいですよね？　という感じになっていきます。

「実は、不動産投資を始めて団信に入れば、もしもの時、借金がチャラになるんですよ！ご存知でしたか？」

毎回この流れなので、心の中で「出た！　団信トーク！」と思いながら、表情は一切崩さずに相手の話に耳を傾けます。正直、新築ワンルームマンションで打ち出せるメリットはそのくらいしかないのでしょう。こんな売りにくい物件を必死に説明する東雲さんの姿を見て、逆に同情が芽生えてきました。

団信に入れば生命保険代わりになるというのは、収支が合わなくてマイナスのキャッシュフローだから、毎月数万円支払う生命保険料よりも得じゃないですか？という鉄板のセールストークですね。

「そして、生命保険に入って毎月いくらか支払うのであれば、新築ワンルームマンションを買って団信に入ることでご家族の安心も手に入りますよー。そちらの方が将来的にも安心感を得られるんじゃないでしょうかー？」

でも、普通に利益が出る物件を買って、それに団信つければもっといいですよね？というごくごくまっとうな突っ込みを入れたくなりましたが、奥歯をグッと噛みしめ、膝をつねりながら相手の言うことに「うん、うん」とただうなずきながら話を聞いているうちに既に1時間経過していることに気付きました。

不動産投資家の涙が営業マンの高給に換わる

最後に私からこんな質問をしてみました。

「東雲さんって年収どのくらいあるんですか？」

直球の質問でしたが、相手は少し考えた後、「大体1000万円くらいでしょうか」と誇らしげに答えてくれました。

他の会社の営業マンにも聞いてみましたが、似たような年収でした。

うーん。

新築ワンルームマンションの営業って稼げるんですね。

その稼ぎは、新築ワンルームマンションを買ったことで涙を流している不動産投資家のコツコツ貯めてきたお金が入っていることで成り立っていることを忘れないで欲しいものです。

他の新築ワンルームマンション会社に関しても、大体がこのような内容に終始していました。新築ワンルームマンション業者の営業トークを聞いてみたいという、単なる好奇心から始まった今回の話ですが、営業マンからすればさぞかし迷惑な客だったことでしょうね・・・

この話を読んでいただいてもわかるように、新築ワンルームマンションは利幅が大きいので会社も儲かるし、従業員も儲かるという具合です。

でも、肝心の投資家が儲かることはないのです。

新築ワンルームマンションは、基本的に物件価格が高いので投資家は利益が出せないようになっています。

聞くところによると、新築ワンルームマンションは積算価格が販売価格の半分以下くらいしかないそうです。

物件に利益が乗りすぎて価格が高くなっているため、積算価格も低くなり、それに伴い利回りも低いという特徴を持っているのが新築ワンルームマンションとなりますね。

特に東京の新築ワンルームマンションの価格帯は２０００万円～２６００万円といったものが多いですから、それを買うくらいなら、地方の木造アパートを購入した方がずっと利益を出せるでしょう。

実は、わたくし、一時話題となったかぼちゃの馬車で有名なスマートライフ（スマートデイズ）の営業も受けたことがあります。

その時の営業マンは入社1年目（正確には6か月）の新人の方だったので、事業の深い部分は聞けませんでしたが、事前にスマートライフの情報については耳に入っていたので、実態を探りたいと思い、興味本位で話を聞いてみた次第です。

このようにいろんな不動産業者からの営業を俯瞰した立場で受けてみるというのも、買ってはいけない物件、買っても良い物件を取捨選択する上で、ご自身の物件選びの技磨きをするのに役に立つかもしれませんよ。

リートの利回り5%と新築区分の5%は異なる

リートってご存知ですか?

不動産投資に興味のある人なら一度は耳にしたことがある言葉だと思います。

不動産を小口に分けて投資信託として投資できるようにした商品ですよね。

で、このリートなのですが、どういった物件を投資対象としているか知っていますか?

実は、リートは都心の一等地を中心として利回り5%前後の物件を主なターゲットとして購入しています。

そして、先ほど出てきた新築区分マンションは大抵が利回り5%前後となっています。

わたしは最低でも利回り10%はないと投資対象としていないのですが、なぜリートは利回り5%でも利益を出して、かつ投資家に配当を出せるのでしょうか?

不思議に思ったことはありませんか?

あんなに大型の物件ばかり取得しているからでしょうか?

実は違うんです。

なぜ、リートが利回り5%でも十分な利益を出せているのかというと、

・自己資金がほとんど必要ない
・投資家たちの資金で回している
・借入金利が異常に低い
・銀行借入が元本据え置き型で、かつ期日一括返済

この4点があるため、同じ利回り5％でも十分な利益を出せているのです。

リートは投資金額の半分を投資家たちの資金で回しています。

そして、残りの半分を銀行からの借入でまかなっています。

この投資家たちから受け入れる資金と銀行借入の比率は各リートによって微妙に差がありますが、大まかに説明するとこのようになっています。

つまり、自己資金をほとんど使わずに物件を取得しているのです。

そして、銀行借入も投資金額の半分で済んでいるので、支払利息の負担が大幅に軽減されています。

しかも、金利が低いため、支払利息でいえば、わたしたち個人投資家と比べると約6分の1〜7分の1の負担しかありません。

これはリートの損益計算書を見ればすぐにわかります。

加えて、リートは社債を発行していることもあり、その場合は金利負担がさらに軽減さ

れます。

そして、銀行借入が元金据え置き型の期日一括返済ということなので、期日が来るまで（通常は3〜5年）は金利だけを支払っていれば済むということになります。

期日が到来すれば、物件を売って返済し、また新たな物件を取得して借り直すのです。

しかも、リートは法人税が無税という特典があるのです。

実はリートは利益の90%以上を分配金に回すことにより、法人税が非課税となる法律があるのです。

こういうことを繰り返しながらリートは利益を生み出していきます。

わたしたち個人投資家とは、投資の土俵自体が違っているのがわかりますね。

一方、新築区分マンションを買う場合ですが、大抵の場合、利回りがマイナスからスタートすることになります。

通常ですと、毎月5000円〜10000円くらいの手出しをして損失を埋めていくことになり、年間6万円〜12万円のマイナスキャッシュフローとなります。

なぜ、マイナスキャッシュフローになるかというと、収益力が低いため銀行の返済分が家賃を上回っているのが主な原因です。それに加えて、建物管理費、固定資産税が加わり、さらにマイナスが大きくなることもあるでしょう。

新築区分マンションは、そもそも物件価格が高すぎて、その高すぎる物件価格を家賃でカバーできていないのです。
どうせ不動産を買うならプラスのキャッシュフローが出る物件を買わなければ意味がないと思うのはわたしだけでしょうか…新築区分マンションを売却しようとしても、通常は損切処分、運が良くて売却価格と合わせて収支トントンがいいところでしょう。
ですので、以上のようにリートが利益を出せているからといって、個人投資家が同じような利回りで物件を買っていくと最後にはひどい結末が待っていることになるので、絶対に真似をしてはいけませんね。

元金均等返済と元利均等返済はどっちがお得？

銀行借入の返済方法に2種類あるのはご存知だと思います。1つは元金均等返済、2つ目は元利均等返済。

【元金均等返済】

毎回の元金返済額を均等にして、その元金返済額に金利を上乗せして支払うパターンで

元利均等返済と元金均等返済の長所と短所

元利均等返済

開始当初のＣＦを重視するならコッチ

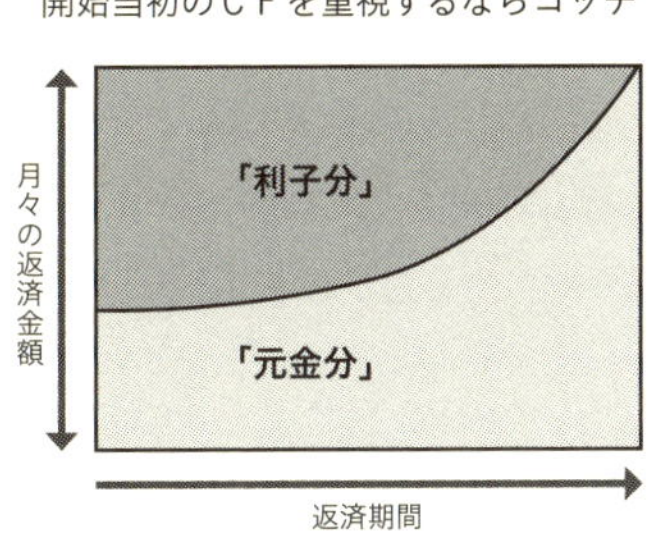

●月々の返済金額が一定
●不動産屋、銀行は通常こちらを勧めてくる

元金均等返済

利子の総支払額を減らすならコッチ

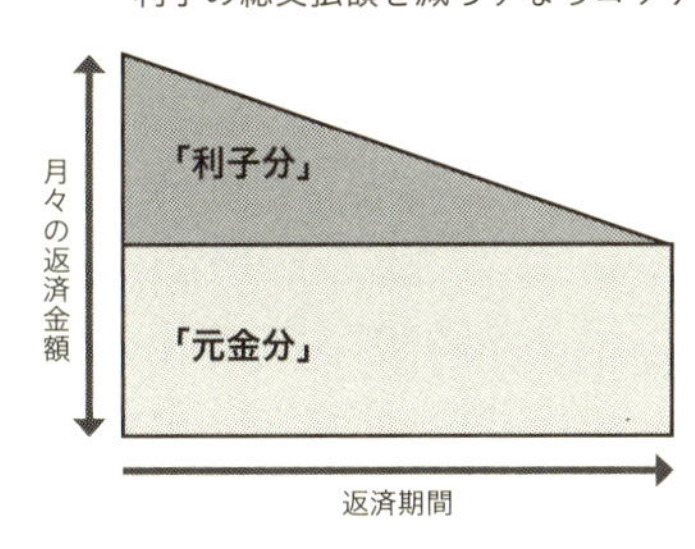

●月々の返済元金の金額が一定
●支払い利息が最小限で済む

す。

ですので、元金均等返済は最初が一番支払額が多く、徐々に支払額が減っていくことになります。

【元利均等返済】

毎回の元金返済額と金利支払額の２つを合わせた合計額を均等にして毎月支払っていくパターンになります。

ですので、元利均等返済は毎月の支払額はずっと変わらず同じになります。

よく聞かれるご質問として、この２つのうちどちらがいいのでしょうか？　という話をいただきます。

その答えは、投資家の考え方によって違ってきます。

もし、支払利息を最小限にしたいのであれば、元金均等返済がもっともお得になります。

ですが、開始当初のキャッシュフローが悪くなるという特徴があるので、手元に資金をできるだけ残したいのであれば、元利均等返済の方が良いでしょう。

不動産業者は必ずといっていいほど元利均等返済で事業計画シュミレーションを作成してきます。その方がキャッシュフローが残るので見栄えが良くなるからです。

銀行も必ずといっていいほど元利均等返済を勧めてきます。

なぜなら、トータルした利息の受取額が多くなるからです。

それぞれがそれぞれの立場で、どちらかを勧めてきますので、投資家自身が選択し、自分で決める必要があります。

開始当初のキャッシュフローを良くしたいという場合は元利均等返済になりますし、トータルの支払利息を最小化したいという場合は元金均等返済を選択するのが良いのではないでしょうか。

会計の知識を身につけ税金を自分でコントロールしよう

私が会計の世界に足を踏み入れた理由は、「はじめに」に記したとおりです。さて、自分で会計処理を行い、申告書の作成まですべて一通り行うようになって、驚くほど税金が安く済むようになったのと同時に、わたしは「あること」に気づきました。

それは、税理士に頼んでいなかった時代と比べて、「自社に対する経営の理解が圧倒的に違ってきた」という点です。

自分で思っていたよりも利益が少なかったり、経費が意外と掛かっていなかったり、今まで体感で「これくらいだろう」といった感覚的だったものがはっきりと数字で明確に理解できるようになったのです。

おそらく、この感覚は自分で起業して商売をしている人であれば、全員に必要なものだとわたしは考えています。

「会社の利益はこういう風に積みあがっていくのか」という驚きや「今期の利益はこれくらいにしておこう」などといった利益調整が自分のさじ加減でいとも簡単にできるようになりました。

利益調整と聞くと、やってはいけないことのように聞こえますが、法人であれば減価償却は任意の金額を償却できますし、役員給与も中小企業においては利益の調整弁として使われているのが実態です。

納得しているかどうかは別として税務署側もそのように認識しています。

税理士に完全に丸投げしてしまうと、こういったことが自分の手から離れてしまい、すべて税理士側に委ねられてしまいます。

やはり自社の会計は自分でやるのが一番だとわたしは考えています。

勉強、メンドくさいですか？　でも、学校のときに習ったような「コレ、将来何の役に立つんだよ」といった知識ではなく、自由とお金を呼び込む大切な知識です。

ぜひ、身につけてほしいと思います。

第4章

飯のタネ教えます！
税理士大家さんが現場で使っている節税の奥義

この章を読む前に

先生、節税でイチバン効果の高いのは何ですか？

それは間違いなく法人化だと思うね。詳しくは次章に記すけど、個人と比べて、控除や経費計上の面で有利になることが多いよ。

たとえば、どういうのがあるんですか？

わかりやすいのは出張費。これは払った法人は経費にできて、もらった個人は収入扱いにしなくていいんだから、節税効果は高いよね。

えっ、そんなのできるんですか？　帰省したら、おばあちゃんが足代もくれたうえに、お小遣いもくれたようなもんじゃないですか。っていうか、この前北海道に旅行に行ったんですけど、それも法人を持っていたら経費にできるということですか？

物件視察はした？

いや、蟹と寿司を食べて、パチンコに行っただけです。テンション上がると、パチンコ行きたくなりません？

さあ…それじゃあさすがにできないけど、視察した物件の画像を撮っていたり、不動産屋さんと交わした名刺を持っていれば、その割合分は経費として計上することが可能だよ。

じゃあ法人を作って、出張費をバンバン計上すれば、手残りはガンガン増えるわけですね。あっ、「カラ出張」ってよく聞くけど、こういうことなんですね。

旅費規程で経費の上限目安があるから、そういう考えは持たないほうがいいよ。あと、「経費で落ちる」っていうのは、「手残りが増える」っていう意味じゃないからね。経費で落ちるからって、行かなくてもいい旅行に行くのは、ただの浪費だから。30％ＯＦＦの服を買って「得した」なんて思っても、70％分のお金は減っているわけだからさ。

法人のある・なしで手残りは大幅に異なる

私の場合は地方の高利回り物件が多いため、節税対策が必須となってきています。

法人化について詳しくは第4章でご説明しますが、大谷さんに言ったように、物件の持ち主が法人か個人かという、たったそれだけの違いでキャッシュフローに大きく差が生まれます。節税対策の中でも、一番効果を発揮するのが法人化です。

この法人化があってこそ、いろいろと節税策を講じることができるのです。

皆さんご存知の通り、法人と個人では最高税率が異なっています。

加えて、近年の法改正で所得税増税、法人税減税の傾向は拍車がかかっています。

たとえば、下記に平成29年12月22日に閣議決定された、平成30年度税制改正の大綱の一部を挙げてみましたが、これを見ても国側における所得税を増税したいという意向が表れています。

・給与所得控除及び公的年金等控除の控除額を一律10万円引き下げ、基礎控除の控除額を一律10万円引き上げる。

・給与所得控除について、給与収入が850万円を超える場合の控除額を195万円に引き下げる。
・基礎控除について、合計所得金額2400万円超で控除額が逓減を開始し、2500万円超で消失する仕組みとする。

つまり、ここでは何を言いたいかというと、法人化するだけでこういった影響を避けられ税金を大幅にカットすることができますよ、ということをお伝えしたいのです。

結局、法人で持たないとキャッシュフローが悪くなるということなのです。

手残りが圧倒的に増える ベストな土地建物比率の計上割合

不動産投資1年目の新米大家さんがやってしまいがちな間違いの1つが、土地建物比率の計上割合です。

新築物件ではあまり悩むことはないのですが、中古物件だとどの割合を使うか悩みどころでもあり、税理士の腕の見せ所でもあります。

土地建物割合は、原則的な出し方と特例計算による出し方との2パターンあります。
原則的なやり方は次のようになります。

【原則】

1・契約書の売買金額の消費税を元に分ける方法

特例計算のやり方は次のようになります。

【特例】

1・固定資産税評価額で算出する方法
2・公示価格で算出する方法
3・建物の標準的な建築価額表で算出する方法
4・不動産鑑定評価額で算出する方法

原則的なやり方に関しては、計算方法が決まっているので、それに従って行うしか方法はありません。具体的には次のようなやり方になります。

【原則の計算方法】

消費税額÷8％＝税抜きの建物価格
税抜きの建物価格＋消費税額＝税込みの建物価格
全体の売買金額－税込みの建物価格＝土地の価格

以下は特例計算で行うやり方をご説明していきたいと思います。

【特例の計算方法】

①固定資産税評価額で算出する方法

この方法は一般的で合理的であり、もっとも使われているやり方だと思われます。

【①の計算式】

物件価格の総額 ×（建物の固定資産税評価額／（建物の固定資産税評価額＋土地の固定資産税評価額））

②公示価格で算出する方法

路線価が公示価格の80％に設定されている関係を利用して、路線価から公示価格を割り戻すことで公示価格を出し、それに土地の平米数を掛けることでまずは土地の値段を出し、それから全体の価格を差し引くことで建物の価格を出す方法です。

③建物の標準的な建築価額表で算出する方法

国税庁のＨＰで建物の標準的な建築価額表を公表しています。

それを見て、建築年と構造がクロスするところが建物の平米単価ですので、それに建物の延べ床を掛けることで建物の金額を出します。

それから、経年劣化している分（減価償却）を差し引くことで建物の価格を出し、それを売買価格全体の金額から差し引くことで土地の価格を出す方法です。

④不動産鑑定評価額で算出する方法

不動産鑑定士に土地と建物の金額を出してもらい、その鑑定評価額をそのまま土地と建物の金額として使う方法です。

費用が掛かるため通常、使いません。

この土地・建物比率の考え方は減価償却費の計上額にダイレクトに影響してくるため、

なるべく建物に比重をかけて割合を大きくするのがコツとなってきます。

一石二鳥の旅費規程 無税の収入を作り出す

払った法人は経費になり、それをもらった個人は収入にしなくてよい、というそんな夢のような制度があるとすれば絶対に知りたいですよね？

実は、そんな制度があるのです。

それが出張費です。

節税に大きく貢献してくれるこの制度ですが、なぜか実務ではあまり使われていない制度となっています。

たまに役所の偉い人がカラ出張で出張費だけもらってホントは行ってないといってニュースで話題になる話、あれがこの出張費です。

出張費は個人事業主本人には認められておらず（従業員は可）、法人であれば役員でも従業員でも認められている経費となります。

ただし、これには要件があり、旅費規程を作っていなければなりません。

その旅費規程の中で、個別の出張費について規定していくのですが、日帰りの出張費であれば役員の一般的な相場は5000円とされているため、その額が経費として認められますよ、という考え方になります。

泊りの出張であれば1万5000円が相場とされています。

ただし、この5000円とか15000円という金額は、税法で決められている金額ではありません。

むしろ税法のどこにも書かれておらず、会社内部で独自に決めて良いものとされています。

ですが、年間を通してあまりに高すぎる出張費は給与とみなし、課税されることもありますので、払い過ぎには注意が必要です。

この給与とみなして、課税するというやり方は、税の世界では有名な、行為計算の否認規定というものを根拠に、個人や会社の行為を否認してくるものになります。

これは、出張費に限らず、税を不当に歪める行為を行ったときは問答無用で、その行為を否認しますよ、という規定になりますが、よほど悪質な行為でなければ、それほど気に留める必要もないでしょう。

聞くところによると、総理大臣でも出張費は日当5000円、泊りの出張で15000円という決まりになっているそうですが、なぜか総理大臣の1回あたりの海外出張費は約

2億円だそうです。

出張の度、ＳＰなどの随行者が１００人前後伴うそうですが、飛行機代、ホテル代などを含めたとしても巨額の出張費ですね。

この行為計算の否認規定、ぜひとも役人にも適用してもらいたいものです。

超シンプルに旅費を経費にする方法

大家さんとお話していると、どういったものが経費になるのか、そもそもの部分がわからないというお話をよく聞きます。

そこで、よくよく話を伺ってみると本当は経費にできるのに、計上せず本来払うべきでない税金を支払い、損をしているという方が大勢いらっしゃいます。

そのような費用の１つに旅費の計上があります。

不動産投資をする前であれば、単なる旅行代として自腹で支払っていた費用ですが、不動産賃貸業を行うことで経費にすることができるのです。

じゃあどうやるのか？

それは、旅行先で不動産の物件視察も兼ねるという形で現地調査に行けばよいのです。

いわば、視察旅行、研修旅行ということになります。

具体的なやり方としては、旅行先で視察をした物件の写真を撮っておいたり、不動産屋の名刺をもらっておいたりとか、しっかりとした証拠を作っておけば、その視察に費やした割合分だけを経費にすることが可能です。

全く問題ありません。

この旅費の計上は、不動産投資をすることになって計上できる経費として大きなメリットがありますので、取り入れられるべきでしょう。

ちなみに、不動産業者から紹介された物件を見に行くなどした際の交通費は全額経費に計上できますので、その点も併せて覚えておくと良いでしょう。

世界一やさしい 修繕費と資本的支出の見分け方

収益物件を取得した後に必ず問題になってくるのが、修繕費と資本的支出の話です。

修繕費と資本的支出とを判別する方法として、形式的基準があったり、その振り分け方を示したフローチャートも存在するのですが、この決まり通りに従った会計処理しか行っていないケースが良く見受けられます。

こちらが形式基準による修繕費の判定方法です。

(1) 支出した金額が60万円に満たない場合
(2) 支出した金額がその修理、改良等に係る固定資産の前期末における取得価額のおおむね10%相当額以下である場合

(1)はそのままなのでおわかりいただけると思うのですが、(2)は支出した金額が60万円以上であったとしても、その資産の取得価額の約10%以下であれば修繕費として処理してよいという意味になります。

つまり、この形式的基準をそのまま適用し、基準に合致しなければ資本的支出としている投資家さんが多いのです。

税務調査を気にして、形式的基準をそのまま当てはめるという方法も、正しい方法ではあるのですが、それだと収益性の高い物件を多く所有している大家さんは、大して経費計上ができません。

そこで今回は、リフォーム費用を全額、経費計上できる方法をご紹介します。

形式的基準を超える金額でも修繕費として計上する方法

実は、原状回復工事であれば、形式的基準を超える金額でも、全額、修繕費として経費計上できるのです。

これは金額どうこうの問題ではありません。

仮に、60万円を超える修繕が発生したとしても、原状回復工事であれば、全額、修繕費として計上することが可能なのです。

５００万円の修繕だろうと、２０００万円の修繕だろうと、一気に費用化して構わないのです。

一気に修繕費に計上できるキーワードとしては、機能回復かどうかという点です。

機能回復という言葉は原状回復と同じ意味合いになりますが、もともとあった材質や部材、機能と同等のものを入れ替えたり、回復させたりといった修繕のことを指します。

実際、わたしの物件でも、サイディングの張替えや屋根の葺き替えで数百万円の修繕費が発生したことがありますが、全額、修繕費として計上しました。

税務署的にも全く問題ありませんでした。

ただし、事業開始前のリフォーム費用は原状回復であっても資本的支出となり、資産計上することになりますので、注意してください。

この修繕費と資本的支出の考え方は、税理士でも間違うくらい非常に誤解が多いところですので、これを機に正しくご理解いただけると嬉しく思います。

銀行融資を有利に進めたい場合は？

ただし、この方法を使わない方が良いケースもあります。

それは、積極的に黒字を作り、銀行融資を有利に進めたいという場合です。

その場合には、費用計上せず、資本的支出に計上するのが正しい判断となります。

逆に、決算書の利益を多くして税額を増やすことで銀行融資を有利に進めたいという場合は、積極的に資本的支出に計上すべきですね。

修繕費と資本的支出を分ける裁決事例

修繕費と資本的支出を分ける上で面白い事例があったのでご紹介します。

国税不服審判所による裁決事例ですが、法人で所有するいくつかの物件の屋根の修繕を行った際に、修繕費か資本的支出かが争われた事例です。

結果として、修繕費として認められた建物と資本的支出と認定されてしまった建物と2

パターンにわかれたわけですが、その際の判断方法が気になりましたのでご紹介します。

修繕費として認められた方の建物はＲＣで屋根が陸屋根（傾斜のない屋根）であり、裁決文によると「陸屋根の特定できない部屋からの雨漏りのため、陸屋根の上に鉄骨を組みアルミトタン又はカラー鉄板の屋根で覆った折板屋根工事による防水工事である。一般的に鉄骨・鉄筋コンクリート造りの陸屋根式建物は、雨漏りがいったん発生するとその経路がわかりにくく完全に修理することは困難だと言われている。これらの建物への工事は応急的に行われたものであり、この工法が雨漏りを防ぐ一番安価な方法であったことが認められる」と判断され、修繕費として認めた旨主張しています。

一方、資本的支出として認定されてしまった建物は屋根が傾斜のある屋根であり、裁決文によると「屋根の20ヶ所以上の亀裂から雨漏りが発生したもので、その亀裂に対して個別に修理ができたにもかかわらず、その屋根の上にカラートタンで屋根全体を覆い被せた屋根カバー工法により工事を行ったものであり、屋根の耐用年数を延長する工事と認められ、単に雨漏りする箇所のみを修繕する応急的な、つまり、通常の効用を維持させるための修復工事とは認められない」と主張し、資本的支出に当たるとされ納税者の意見を退けました。

国税不服審判所の審判官は税務署ＯＢが務める場合が多く、不動産に詳しいわけでもないと思いますが、陸屋根と傾斜屋根とで判断を分けたという点で、面白い裁決だと思います。

正確にはわかりませんが、文面から読み取ると、この2つの建物はどちらも新しい屋根を上から被せる方式で修繕を行っているものと思われます。

この裁決のポイントは、仮に機能向上があったとしても、建物の維持管理のために必要で、もっとも合理的でもっとも安い修繕方法であったかどうかという点、修繕箇所が特定できたかどうかという点にあると推察できます。

この点を踏まえていれば、多少の機能向上があったとしても修繕費として計上できる可能性はあるかもしれませんね。

ちなみにわたしの物件の屋根は傾斜屋根でした・・・

中古物件の耐用年数のラクラク算出法

中古の収益物件を購入して、耐用年数を算出する場合、原則は見積法という方法を使って、耐用年数を算出します。

聞きなれない単語だと思うのでご説明しますと、建物に使われている材料などを見ながら自分で1つ1つの耐用年数を算出し、その後、建物全体でトータルの耐用年数を見積もるという方法になります。
この考え方は中古物件に資本的支出に該当する修繕を行った場合も同様だとされていま
す。
ただ、見積法というのは国税庁で計算の仕方を案内しているものは存在しないため、現実的に使うことができず、普通は簡便法といわれている方法を使います。

《簡便法での耐用年数》
簡便法での耐用年数＝（法定耐用年数－経過年数）＋（経過年数×0・2）

計算例を示すとこちらになります。

【例】
法定耐用年数が22年で、経過年数が10年の中古資産の簡便法による見積耐用年数

【計算】
（Ⅰ）　法定耐用年数から経過した年数を差し引いた年数
22年－10年＝12年

（2）　経過年数10年の20％に相当する年数
10年×20％＝2年
（3）　耐用年数
12年＋2年＝14年

この簡便法は、物件を取得した初年度でしか使えないという決まりになっています。

もし使わなかった場合は、法定耐用年数を使うしかなくなるため、非常にキャッシュフローが悪化します。加えて、もし簡便法を使わなかったとしても更正の請求はできないことになっているため注意が必要です。

かさんだリフォーム代をお得に経費にする方法

今回は物件取得時、つまり物件取得後から賃貸として物件を貸し出す前にリフォームを行ったという場合の話になります。

原則的な取り扱いとしては、収益物件をリフォームして資本的支出となった場合、その資本的支出部分について、今現在その物件で使っている耐用年数を使用して減価償却をすることになります。

適用要件が少しややこしいですが、取得時に大規模な修繕を行ったときはまた別の計算方法があるのでご紹介します。

簡便法とは先ほどご紹介した、経過年数に20％を掛けて残存年数にプラスするという方法ですが、実は簡便法を使うには要件があり、取得価額の50％超のリフォーム代（資本的支出）がかかっている場合は、簡便法が使えないというのは意外と知られていない話です。

再取得価額の50％以下のリフォーム代（資本的支出）であれば次にご紹介する別の簡便法を使うことになります。

今回の簡便法は、耐用年数の適用等に関する取扱通達（よく耐通と呼ばれる）1-5-6に規定されているもので、特に計算式に名前が付いているわけではなく、わかりにくいので耐通1-5-6の簡便法と呼ぶことにしましょう。

再取得価額とは、その物件を新築で立て直したらいくらかかるかという金額を指し、いわゆる時価を意味するものです。

火災保険の業界でも再取得価額という言葉が存在します。

時価は周辺の取引事例を不動産業者に聞くか、不動産鑑定士に聞くかで出せます。

ほとんどのリフォームは再取得価額の50％以下になると思います。

耐通1-5-6の簡便法の計算式

その中古資産の取得価格（資本的支出の価格を含む。）÷〔その中古資産の取得価格（資本的支出の額を含まない。）／その中古資産につき簡便法により算出した耐用年数 ＋ その中古資産の資本的支出の額／その中古資産に係る法定耐用年数〕

【具体例】

中古の木造アパート築10年（法定耐用年数22年）のものを1000万円で取得し、資本的支出にあたるリフォームを800万円かけた場合

（1000万円＋800万円）÷【1000万円÷（（22年－10年）＋（10年×0.2））＋（800万円÷22年）】＝16年（1年未満切り捨て）

この耐通1－5－6の簡便法が使えるのは、中古物件の取得価額の50％超のリフォーム費用（資本的支出）を使っており、かつ再取得価額の50％以下のリフォーム費用（資本的支出）を使っている場合です。

とってもややこしいので間違えないようにして欲しいのですが、実際に不動産賃貸業を行っていく上で使う機会の出てくる計算式ですので、ぜひとも覚えておいてください

中古建物の耐用年数の考え方

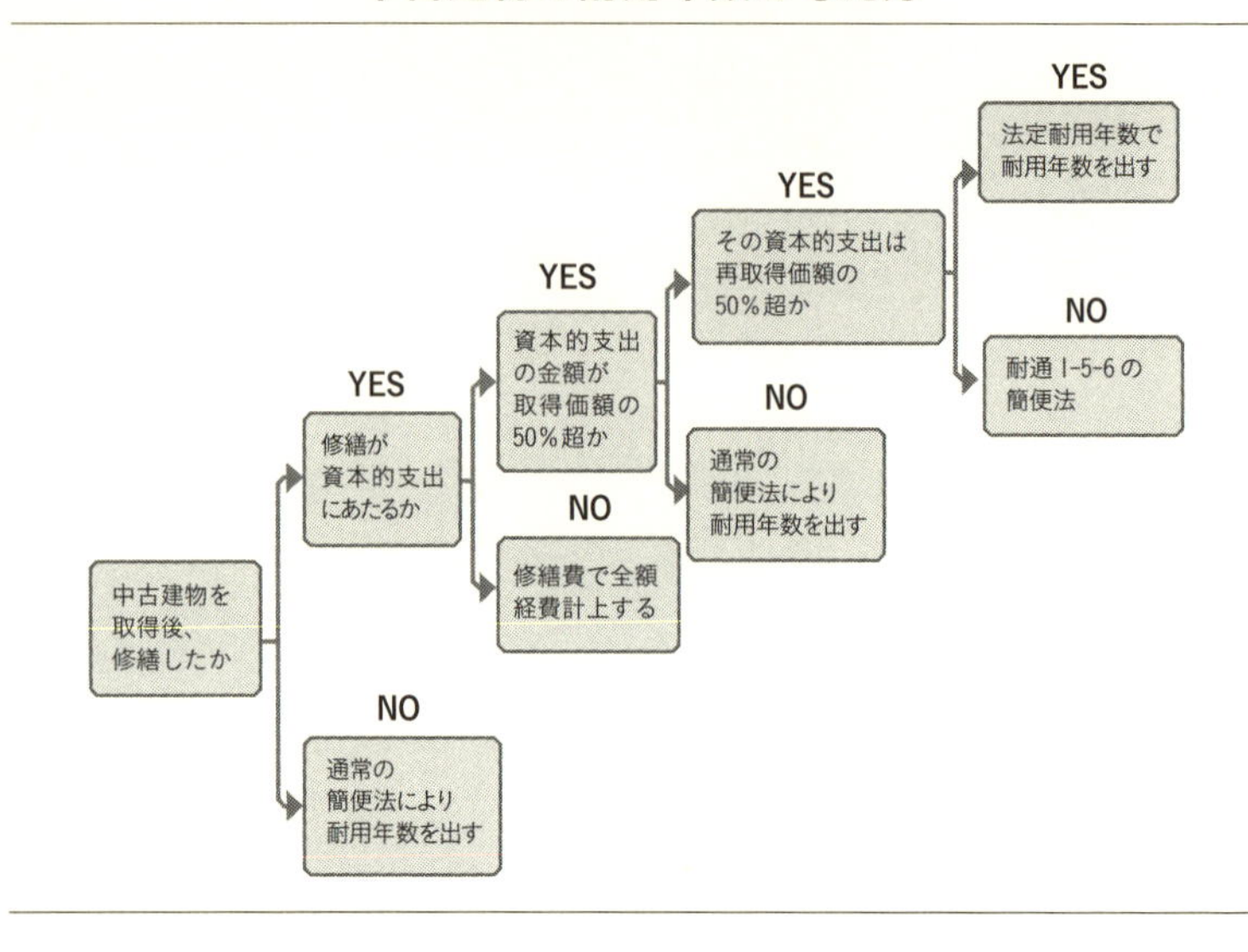

ね。

それでは、資本的支出が再取得価額の50%超かかっている場合は、どのように処理すればよいのでしょうか？

その場合においては、残念ながら法定耐用年数を使うことになります。

再取得価額の50%超のリフォーム代がかかる場合というのは、「オーバーホールして新品を取得したのと同じとみなします」という考え方を取っているようですね。

一方、資本的支出が取得価額の50%以下のリフォーム代となった場合は、簡便法による計算でよいとされているので、今現在（購入当初）その物件で使っている耐用年数を使うことになります。

たとえば、法定耐用年数超えの木造を取得して、現在4年で償却していれば4年での償却となります。

では、実際に賃貸物件として運用した後に資本的支出をした場合の耐用年数はどうするのか、という点についても同様で、今現在（購入当初）その物件で使っている耐用年数を使うことになります。

たとえば、法定耐用年数超えの木造を取得して、現在4年で償却していれば、資本的支出部分についても4年で償却を行っていくこととなります。

居住用から事務所へ用途変更した場合の取り扱いとは？

ちなみに、居住用から事務所に変更した場合や、逆に事務所から居住用に変更した場合の費用はどうなると思いますか？

このようなケースを用途変更と呼びますが、実は、用途変更に伴うリフォーム費用は資本的支出になってしまいます。

併せて覚えておくと良いでしょう。

複数の法人を作ったあとの最適な節税法とは？

最近、消費税還付で一物件一法人という手法が流行っていますが、これを繰り返していくと無駄に法人数が増えていきます。

そうすると税理士代と均等割で利益を持っていかれてしまいます。

それを防ぐ方法が合併です。

合併をするには、決算公告と債権者に対する公告を行う必要があり、諸費用で約40万～50万円ほどかかります。この諸費用に税理士の手数料や司法書士の手数料は入っていませんので頼むならもっと費用は掛かります。

合併には、吸収合併と新設合併がありますが、どちらも会社法の適用を受けるため、その流れに沿って行う必要があります。

今回は吸収合併をご説明します。

ほとんどの場合は、登録免許税が安いため吸収合併を選択することが多く、一般的です。

加えて、存続会社は消滅会社の権利義務の一切を承継する必要があり、義務を承継しないという定めをしたとしても無効となるため注意が必要です。

吸収合併においては、吸収する側の会社を存続会社と呼び、吸収される側の会社を消滅会社と呼びます。

流れとしては、まず、取締役会を開き合併の承認を行います。

そして、合併契約を結び、次に官報公告を出し債権者への呼びかけを行います。

この債権者への呼びかけは取引先が限定されていたとしても必ず行う必要が出てきます。

その後、株主総会を行い、合併の決議に対して反対株主がいないかの確認、通知を行います。

そして、反対株主の異議申し立て期間が終了すれば合併の効力が発生し、登記をすることで合併は完了となります。

概ね2か月くらいの期間をみておけば合併手続きを行えます。

官報公告は意外と混んでおり、掲載されるまでに1週間～2週間ほど待たされる場合が多いですし、慣れてないと他の処理もスムーズにいきませんので思ったより時間がかかります。

手間はかかりますが、結果的にやってよかったという場合が多いように思います。

最近、法人数が増えてきて税理士代と均等割がかさんできたなと思ったならチャレンジしてみても良いと思います。

決算月の変更でウルトラCの節税

これはかなりウルトラCの節税になりますが、決算月を変更することで節税を図ることも可能です。

ただし、これは売上の多い月が毎年決まっているという場合に有効であり、不動産賃貸業においては、繁忙期として2月～4月がありますが、これは売上が多くなる月という意味とはまた異なりますよね。

ですので、ある月に売上の急激な増加が見込まれる場合や、不動産賃貸業とは別に他の事業も営んでいる場合にはとても有効な方法となります。

具体的なやり方としては、仮に3月が繁忙期だとすれば、1月や2月に決算期の変更を行うことで節税を図ることができます。

その際は、株主総会や社員総会を開き、定款の変更をした後、税務署へ異動届を提出して完了となります。

登記事項ではないため、法務局への届出は不要です。

役員給与でお金を出さず節税

法人の節税で大きなウェイトを占めるのが役員給与です。

役員給与はご存知の通り、支払う際に給与所得控除が使えますよね。

これを利用して節税していくのです。

通常、自分が代表者になっていることが多いでしょうから、会社から自分へお金を流すだけで経費を生み出せるのです。

しかも、給与所得控除の一番良いところは、お金が出ていかない経費という点です。

以前は、特殊支配同族会社の役員給与の損金不算入という制度があって、数年間だけですが、この役員給与で節税する手段が封じられていましたが、今は強い反対があったため廃止されているので、安心して使うことができます。

お金が出ていかない経費というのは数少ないので、利用しない手はないですね。

ここでポイントなのですが、役員給与と併せて、小規模企業共済やｉＤｅＣｏ、ふるさと納税も使って節税していくというのが大事な点です。

役員給与を少しだけ多めに支払い、小規模企業共済とｉＤｅＣｏ、ふるさと納税をフル活用することでかなりの節税を図ることができます。

わたしのお客様でも、これをうまく組み合わせて節税している人がいますのでお勧めしております。

役員給与の注意点は、毎月の支払額が同額でなければならないという点です。

一度決めたら、一年間は同額を支払い続ける必要があります。

仮に、金額を変更すると、その差額分が給与として認められなくなってしまいます。

役員給与を変更できる時期は、期首（事業年度開始日）から3か月以内となっています。

「iDeCo」「ふるさと納税」で節税

【iDeCo】

不動産投資家は節税に目がない人が多いので、iDeCoについてよく聞かれます。

iDeCoの特徴としては、年金制度の一種であるという点ですが、加入できるのは20歳以上60歳未満までという年齢上限が設けられており、60歳になるまでは払い出しも受けられないこととなっています。

わたしは節税方法が見当たらなくて困っているような、成功している投資家さんであればｉＤｅＣｏはぜひともやるべきだと考えています。

元本確保型であれば、節税効果分だけが確実にプラスになりますし、高額所得者であればあるほど得をするようになっています。

節税効果としては、支払った額に対応する所得税と住民税を安くすることができますね。

また、60歳になってから支払いを受ける場合、退職金として一度に受け取るか、年金として少しずつ受け取るかを選ぶことができ、それぞれ退職所得控除と公的年金等控除を受けることができるので税金的にも非常に得です。

つまり、支払うときも得だし、受け取る時も得、というわけです。

お勧めの証券会社は今のところ、ＳＢＩ証券の一択で良いかと思います。

職業によって掛け金の上限が違っていますが、自営業者であれば、もっとも多く掛けられます。

細かい制度の内容は、証券会社のホームページをご覧になるとよくわかります。

【ふるさと納税】

ふるさと納税は明らかに高額所得者にメリットがある制度になっていますが、わたしたち不動産投資家にとって外せない節税方法となっています。

使い方の1つとして、どのみち発生してくるような必然的な支出に対して使うのが有効な手ではないかと思っています。

たとえば、懇意にしている不動産屋や管理会社に対してお中元、お歳暮を贈る際に、ふるさと納税を利用して送るという方法も有効かと思います。

ふるさと納税は私たちにとって非常にメリットのある制度になっていますが、注意点もあります。

それは、利益が出すぎた投資家さんが、多額のふるさと納税をしているケースです。

その場合は、一時所得が盲点になっていることが多いので頭に入れておきましょう。

ふるさと納税の返戻金はおおむね30％に設定されています。

ですので、1万円寄付すれば3０００円の戻りがあるわけです。

その3０００円が積もり積もって、50万円を超えると、その超えた分は一時所得として確定申告に加える必要が出てくるのです。50万円というのは一時所得の基礎控除的なもので、それを超えると一時所得に税額が発生してきます。

では、ふるさと納税をいくら分やると、一時所得を考えなければいけないのかというと、166万円を超えたあたりから返戻金が50万円を超えてくる、ぎりぎりのラインになってくるので、一時所得の考慮が必要になってきます。ただ、ふるさと納税は今後引き締めが強くなる可能性もあり、その際、返戻率も下がるものと思われますので、今ほどのメリットは受けられなくなるでしょう。

いずれにしても現時点においては節税効果が大きいのでふるさと納税を利用した方が得でしょうね。

法人の大幅メリット生命保険で最大限に節税

生命保険は個人で加入しても、せいぜい4万円か5万円の控除しか受けられませんが、法人で加入すれば、もっと大きな額を経費にすることができます。

わたしたち不動産投資家に適しているとされる代表的な法人保険は、定期保険に分類される逓増定期保険と長期定期保険となっています。


【逓増定期保険】

逓増定期保険の特徴としては、契約期間の当初6割期間において全額損金、2分の1損金、3分の1損金の3タイプを選べ、残り4割期間においては全額損金となります。

どのタイプに入るかは年齢や会社の利益で考える必要があります。

20代は全額損金タイプがお勧めで、30代以降で会社の利益が大きい場合は2分の1損金タイプ、30代以降で会社の利益がそれほどでもないという場合は3分の1損金タイプがお勧めとなります。

解約返戻金がピークの時に解約をするというのが、定期保険の賢い使い方となりますが、契約から5年後、7年後、10年後、15年後といったようにピークが来る時期を選ぶこともできます。たとえば、40歳男性が保険金5000万円で加入して年間約278万円支払い、50歳で解約する場合の解約返戻金は約94%となり、法人税の軽減効果を考慮するとトータルで約114%の返戻金となり、掛け金より増えていることがわかります。

【長期定期保険】

一方、長期定期保険(ここでは「障害保障重点期間設定型長期定期保険」についてお話しますね)の特徴としては、契約期間の当初6割期間において全額損金、2分の1損金の2タイプを選べ、残り4割期間においては全額損金算入となります。

全額損金タイプは50代以降の方がお勧めで、20~40代の方は2分の1損金タイプの方がお勧めとなります。

障害保障重点期間設定型長期定期保険は加入の際に、3つの告知事項のみを自己申告するだけで加入でき、第2保険期間(残り4割期間)に移行する際でも、新たな健康告知は不要だという点が、わたしたちにとってとても入りやすく嬉しい保険となっています。

加えて、第1保険期間（当初の6割期間）から第2保険期間へ自動で移行できるため加入者にとって手間が省け、また加入のハードルが非常に低いのが特徴です。

解約返戻金のピークについては、10年、15年、20年と続き、5年刻みで50年まで設定できます。

たとえば、40歳男性が保険金5000万円で加入して年間約113万円支払い、50歳で解約する場合の解約返戻金は約93％となり、法人税の軽減効果を考慮するとトータルで約113％の返戻金となるため、税の軽減効果も得られるうえに資金が増えていることがわかります。

これを見てもわかるように、同じ保険金額でも逓増定期保険は保険料が高めになっており、傷害保障重点期間設定型長期定期保険の方が安く設定されているので、告知事項に加えて料金的な面を考えても加入のしやすさは、傷害保障重点期間設定型長期定期保険の方に軍配が上がると言えそうですね。

使い方としては、退職金や建物修繕費の財源として契約する人がほとんどなので、それらの支出が発生する時期にピークを持ってくるという使い方をします。

この障害保障重点期間設定型長期定期保険の性質上、解約返戻金のピークを過ぎれば資産は償却され満期時にはゼロになってしまうので、退職金や建物修繕費の財源確保を目的として、満期前に解約するのが一般的で賢い使い方です。

【養老保険に法人加入】

また、この2つの保険とは別の話になりますが、養老保険に法人加入するという方法も存在しています。

この保険は、少人数の同族会社の場合、法人が支払う保険料の半分を役員給与として計上する必要があるため、不動産オーナーなど家族経営の法人だと保険に入るメリットが半減してしまうという使いにくさがあります。

年払いすることもできますが、その場合、半分は役員賞与としてみなされますので、事前確定届出給与の届出を出しておかないと税務上否認される可能性もあるため、実用的でない面が目立ちます。ですが、先ほど挙げた逓増定期保険と傷害保障重点期間設定型長期定期保険については、少人数の同族会社であっても、そのような点をクリアした保険となっているため、加入メリットが大きくなっています。

日本の同族会社の割合は約97％とされているため、ほとんどの会社で加入メリットがあるものと思います。以下、逓増定期保険、長期定期保険、養老保険、3つの特徴を図にまとめましたので、ご参照ください。

逓増定期保険、長期定期保険、養老保険のまとめ

■ 逓増定期保険（保険金額が増えるタイプの定期保険）

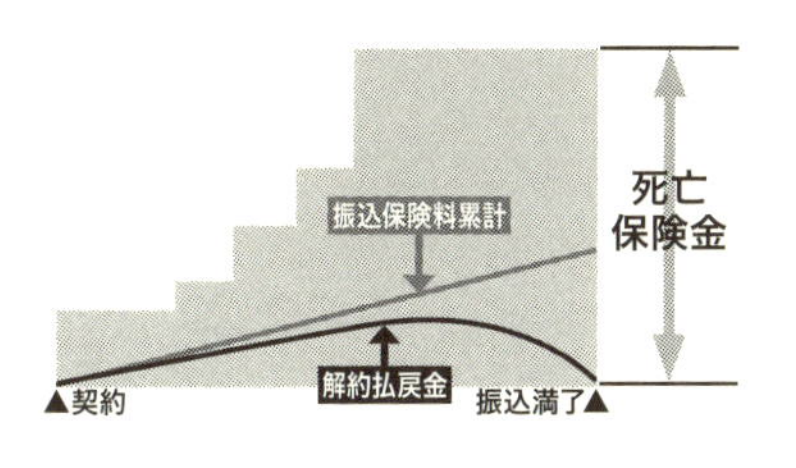

保険料の会計処理
（契約者・死亡保険金受取人＝法人）

保険期間の当初 6 割期間：
全額もしくは 1/2 もしくは 1/3 損金算入

保険期間の残り 4 割期間：
全額損金算入

■ 傷害保障重点期間設定型長期定期保険

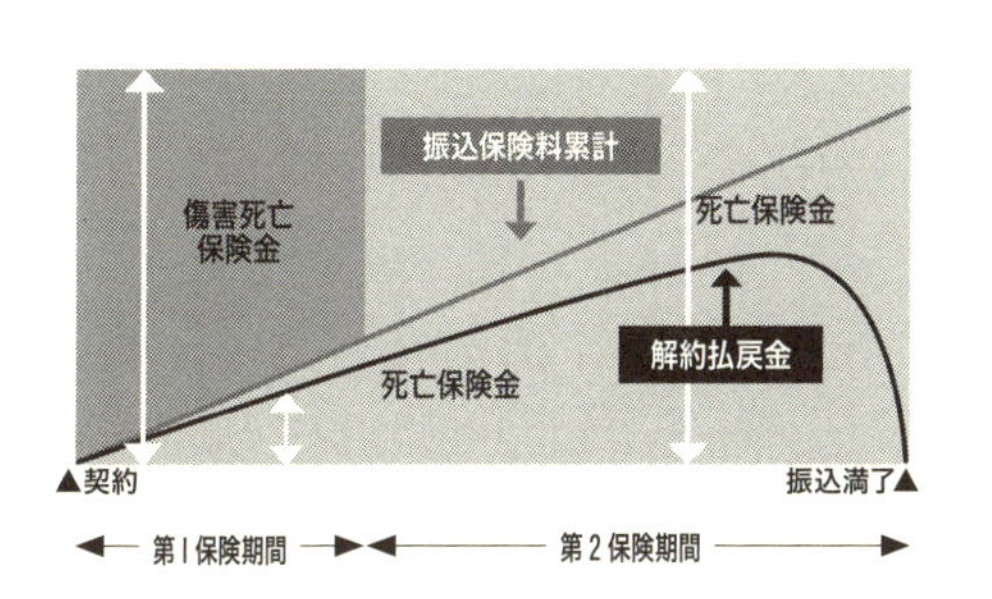

保険料の会計処理
（契約者・死亡保険金受取人＝法人）

保険期間の当初 6 割期間：
全額もしくは 1/2 損金算入

保険期間の残り 4 割期間：
全額損金算入

■ 養老保険

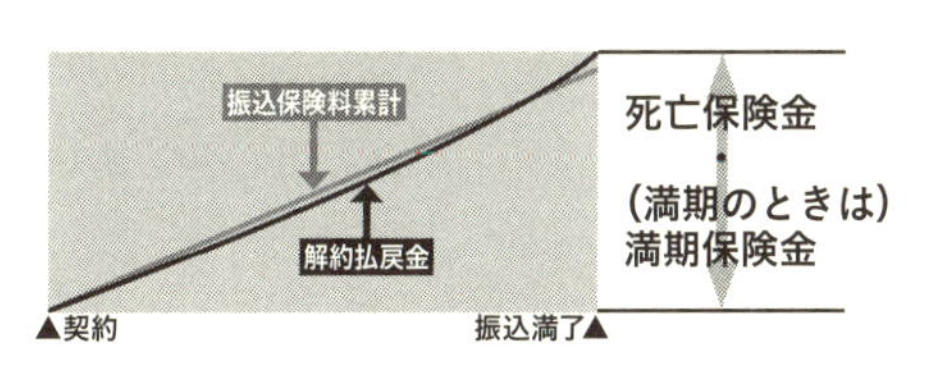

保険料の会計処理
（契約者・死亡保険金受取人・満期保険金受取人＝法人）

全額資産計上

保険料の会計処理 *
（契約者＝法人、
満期保険金受取人＝法人、
死亡保険金受取人＝被保険者の遺族）

1/2 損金算入（福利厚生費）
1/2 資産計上

* 全員加入などの要件を満たした場合となります。
役員または特定の従業員のみを被保険者としている場合には、保険料の 1/2 は福利厚生費とはならず、当該被保険者に対する給与となります。

利益が出すぎたときは「3」を使って退職金を支給

法人で利益が出すぎてくると、退職金をうまく使うことで大幅な節税を図ることができます。役員を退任することで退職金を支払うのです。

支払う額としては、過去の判例によって概ねの計算式が決まっており、それに従って支払うことになるのですが、支払った会社側としては全額費用として計上できます。

会社が役員に退職金を支払う際の計算方法としてもっともメジャーなのが功績倍率法です。

《功績倍率法》

役員退職金＝退職時役員給与月額×役員在任年数×功績倍率

実は、この計算式、税法で定められているものではありません。そのため、この功績倍率の部分にどの数字を使うかが過去から現在まで、裁判で幾度となく争われているのです

が、実務上は大抵の場合「3」を使うことが多いとされています。この「3」を使う根拠は過去の判例を基にしています。

その点で争われた代表的な判例は、最高裁昭和60年9月17日判決、東京高裁昭和56年11月18日判決、東京地裁昭和55年5月26日判決の3つです。この3つの租税裁判で功績倍率は概ね3が妥当ではないかと裁判官が判決を下しています。ただし、これより大きい数字を用いた場合でも認められているケースがあるのでケースバイケースだと言えます。

役員退職金を損金にできる方法としては2種類に限定されています。

1つは、退職した年に退職金を全額支払ってしまう「一括支給」と、支払う総額を決定した後、支払いは分割で行うという「分割支給」とがあります。一括支給はその年に全額損金となり、分割支給は実際に支払う年に損金とする方法と支給を決めた初年度に全額損金とする方法の2つがあり、どちらも認められています。

具体的なやり方としては、通常、退職金は利益が大きく出た年に黒字を減らす目的として使うことが多いですから、黒字の額がそれほどでもない場合は分割支給で実際に支払う年に損金とする方法を使い、黒字の額が大きい場合に一括支給か分割支給の全額損金とする方法を選択すると良いでしょう。

そして、もらった個人としては、退職金としてもらうためとてもお得にもらえます。

所得税の中でも退職金や年金でもらうのは、もっとも節税効果が高い方法だと言えます。

退職所得控除額の計算式は、

- ・勤続年数20年以下であれば、40万円×勤続年数
- ・勤続年数20年超であれば、８００万円＋70万円×（勤続年数－20年）

※控除額が80万円未満の時は退職所得控除は80万円になります

この計算式で出た数字（退職所得控除額）を退職金から差し引き、さらに半分にした金額（課税退職所得金額）を出して、これに所得税の税率を掛けて、控除額を差し引いた残りの金額が所得税額となりますので、税負担が非常に低くなっています。

ちなみにこの計算式は国税庁から公表されている式になり、役員も従業員も同じ式を使います。細かい点は会社それぞれで定める退職金規定で決めていくこととなります。

【小規模企業共済】

「小規模企業共済」と「経営セーフティー共済」で節税

掛け金の全額所得控除による節税額一覧表

課税される所得金額	加入前の税額		加入後の節税額			
	所得税	住民税	掛金月額1万	掛金月額3万	掛金月額5万	掛金月額7万
200万	104.600	205.000	20.700	56.900	93.200	129.400
400万	380.300	405.000	36.500	109.500	182.500	241.300
600万	788.700	605.000	36.500	109.500	182.500	255.600
800万	1.2229.200	805.000	40.100	120.500	200.900	281.200
1000万	1.801.000	1.005.000	52.400	157.300	262.200	367.700

単位：円
出所：中小機構
http://www.smrj.go.jp/kyosai/skyosai/about/installment/index.html

小規模企業共済は、個人事業主や中小企業経営者の退職金積立制度としての位置づけで広く利用されている制度ですが、従業員20人以下の会社（業種によっては5人以下）の役員か個人事業主であれば誰でも加入することができます。

ただし、個人事業主で賃貸経営をしている場合、事業的規模でないと加入できないことになっています。

法人の役員であればそのような決まりはありません。

月1000〜70000円まで掛けられるので、年間最大84万円を個人の確定申告書の所得から控除することができます。

年払いすることもできますので、

12月に将来1年分の掛け金を支払えばその年の所得控除として差し引くこともできるため、駆け込みの節税としても使えます。

ただし、さかのぼって過去の分は払えないので注意が必要です。

役員を退任するときに、60歳未満であれば退職金として一括で受け取れ、60歳以上であれば、退職金としての一括受け取りか年金として受け取る方法のどちらかを選べます。

いずれにしても退職金としてもらうのであれば、会社の役員としての退職金をもらうのと同じタイミングでもらうことになります。

一括受け取りなら退職所得となり、年金として受け取るなら公的年金等の雑所得として税制上の控除枠が設けられています。

もし、加入者が共済金を受け取らないまま死亡した場合は、相続人が受け取ることになりますが、その相続人が受け取る共済金のうち、相続人の数×500万円までが非課税になるという扱いになっています。ですので、本人にもしものことがあっても受け取れないということがないようになっています。

【経営セーフティ共済】

一方、経営セーフティ共済は、法人の場合でしか節税効果がありません。

個人でも加入はできますが、支払った額を経費計上できないため、意味がありません。

月５０００～20万円まで掛けられます。

経営セーフティ共済は期末時点でも前払いすることができ、最大２４０万円掛けられ一気に経費計上できるため、期末の黒字減らしに役立ちます。

不動産賃貸業を営む法人は他業種なら受けられる共済金の貸付けを受けられませんが、節税のツールとしては十分使える制度です。

経営セーフティ共済は40か月以上かけていないと元本割れするようになっていますのでその点が注意です。

加えて、経営セーフティ共済を解約する際は、戻ってくるお金が全額利益としての扱いになるため、役員の退職時と合わせて解約するか、大きな修繕がある時に解約するとより効率的に使えますね。

自宅関係の費用を丸ごと経費にしよう

リフォーム費用

皆さんがお住いのご自宅が持ち家の場合、ある程度古くなってくればリフォームをしますよね。そのリフォーム代が経費になるとしたら嬉しいと思いませんか？　実は、そんな嬉しい方法があります。大抵の場合、法人の登記をする住所は自宅で行うことが多いと思います。自宅で法人の登記をすれば、一部分、法人の事業として使っていることになりますので、その割合分や事務所で使用している分だけリフォーム代を経費にすることができるのです。ただし、これは法人で使用している部分のリフォームという条件付きではありますます。ですので、お風呂場や台所のリフォームを経費にするのは難しいということにはなりますね。

自宅を使用按分で計上

意外と経費から漏れているのが、自宅が持ち家の場合の固定資産税の計上です。もし、自宅を会社の登記に使っているなら、問題なく使用割合で按分して経費計上可能です。賃貸にお住いの場合は、家賃を使用割合に按分して経費計上可能です。もし、会社から家賃補助がある場合は、自己負担分を使用割合で按分して経費計上していくことになりますね。

ネット・電話代だって経費にできる

不動産投資家の情報のやり取りは携帯で行うことがほとんどだと思います。

たとえば、不動産の物件情報がメールで入ってきたとしても業者への確認は電話だったり、大家さん仲間との情報交換も電話で行ったりしますよね。そういった事業に絡むものはすべて不動産賃貸業の経費として計上できます。また、自宅のインターネット代についても同様に考えていきます。

自宅で使う目的が、ほとんど物件情報の検索や競売情報サイトＢＩＴや９８１．ｊｐだったりすれば、全額経費に計上できます。購入希望の物件周辺の家賃相場や人口動態を調べるなどといった目的でも同様です。そういった目的で自宅のインターネットを利用するのであれば問題なく事業の関連費用として経費にできます。

この対処法を知ればデッドクロスなんて怖くない！

誰が言い始めたのかはわかりませんが、不動産投資の世界にはデッドクロスという言葉があります。

特に不動産投資特有の言葉ではなく、株式投資や日常生活においても使われる言葉です。毎月の元金返済額と減価償却費とが逆転するポイントのことを指します。もっと言うと、帳簿上の利益がプラスであるのに、手元の現金がマイナスである状態とも言えます。

いわゆる「勘定あって銭足らず」が発生するポイントで黒字倒産が気になるポイントでもあります。なぜか不動産投資の世界では、このデッドクロスをとても気にする人が多いように思いますが、わたしはあまり気にする必要はないのではないかと考えています。

対応策は結構ある！

このデッドクロスですが、減価償却費という大きな経費項目がなくなるために起きる可能性があるというだけであって、経費というのはご存知の通り減価償却費だけではありま

デッドクロス発生の仕組み

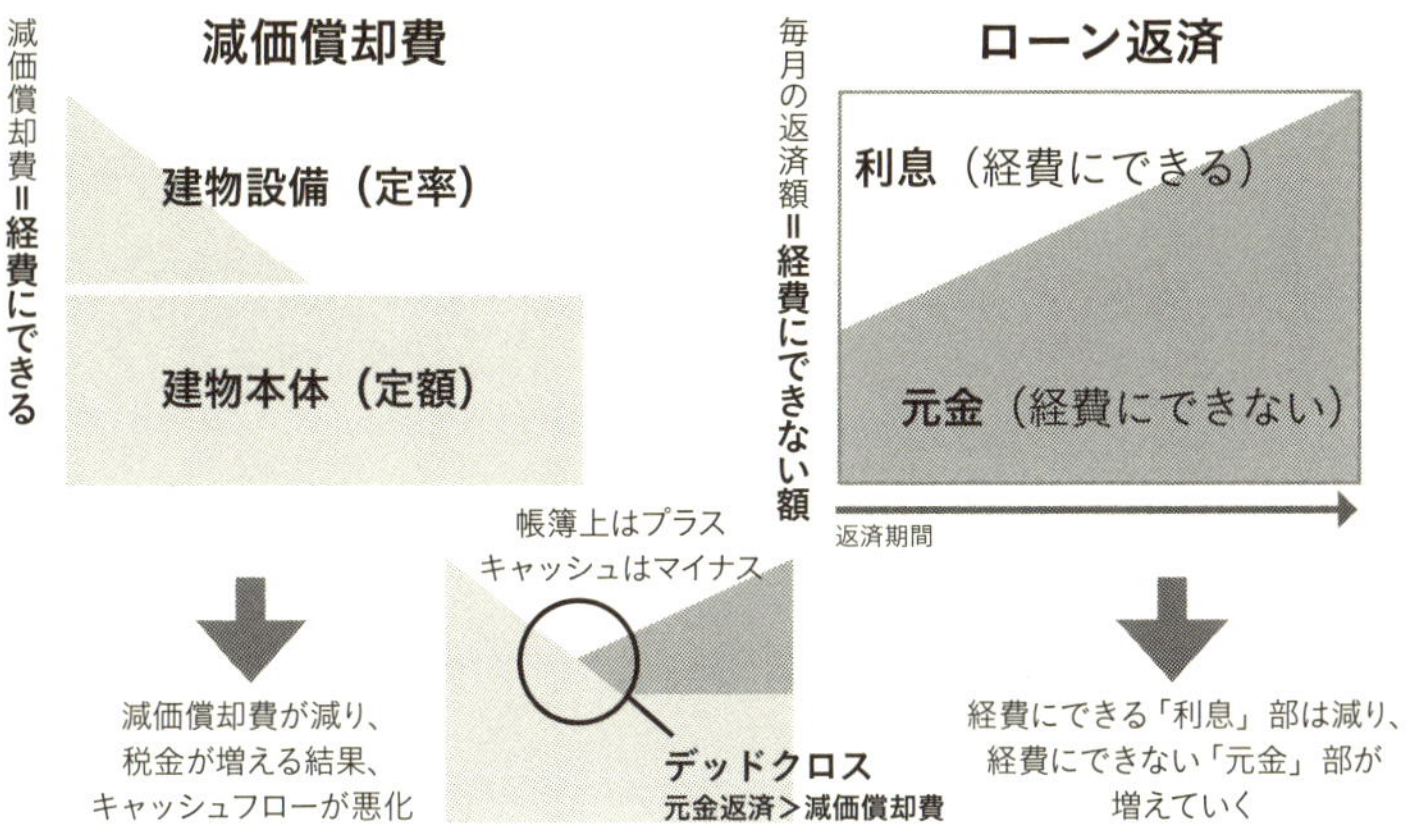

減価償却費

減価償却費＝経費にできる

建物設備（定率）

建物本体（定額）

ローン返済

毎月の返済額＝経費にできない額

利息（経費にできる）

元金（経費にできない）

返済期間

減価償却費が減り、
税金が増える結果、
キャッシュフローが悪化

帳簿上はプラス
キャッシュはマイナス

デッドクロス
元金返済＞減価償却費

経費にできる「利息」部は減り、
経費にできない「元金」部が
増えていく

『不動産投資のススメ』https://rei-book.com/dead-cross-real-estate/ を参考に作成

せん。

　減価償却費以外で大きい項目としては、役員給与が大きい項目の代表例です。

　他にも、法人であれば出張費など経費の幅が広いため計上余地も残されています。

　副業がＯＫの職場であれば、１期目から役員給与や出張費を支払うなどして、減価償却費は年間最高限度額まで償却せずに温存しておき、できるだけ長く使えるようにするということも可能です。

　役員給与や出張費は、確かに経費として計上できますが、支払先は役員のため、内部で還流しているような経費になります。

　つまり、お金が外に出ていかない経費となります。

役員に奥さんや子供、親を入れられるなら、なおさらです。

子供の話が出たのでついでにお話しますが、子供を役員や代表者にする場合は15歳以上であれば就任が可能となってきます。

というのも、会社の役員になるには必ず印鑑証明書が必要となりますが、その印鑑証明書が取得できる年齢がほとんどの自治体で15歳以上となっているためです。

加えて、未成年が役員や代表者になるには親の同意書も必要です。

印鑑証明書は国ではなく自治体の管轄になるので、お住いの市役所に要件を聞かれるとよいでしょう。

また、合同会社に限っていえば、業務執行社員になるにあたり、印鑑証明書が不要となっているため、15歳未満でも業務執行社員になれる可能性はあります。

話は戻りますが、減価償却費がなくなってデッドクロスがやってきたから黒字倒産の可能性が出てくるので売却しようかと考えています、というのは少しばかり時期尚早なのかもしれませんね。

他にもデッドクロスを防ぐ方法として、最初からキャッシュフローが多く出る高収益な物件を取得するという方法や、返済比率を低くするという方法もあります。

このように対策方法はいくらでもあるので、デッドクロスがやってくるからといっても何も恐れる必要はないのではないでしょうか。

第5章

１人会社で
不動産購入の税金を超有利にする方法

この章を読む前に

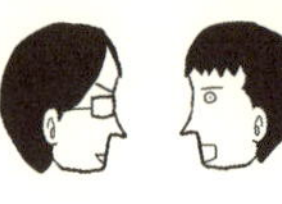

5章は法人化に丸々1章割いているのですね。

そう、法人化と不動産投資は非常に相性がいいの。

でも、法人化するとしても、規模がどのくらいの時点ですればいいんですか。

それはズバリ課税所得が400万円を超えたら法人に切り替えるべきだと思う。

ってことは、小規模から始める場合は、法人化の必要はないんですね。

イヤ、始めは400万円未満でも、400万円以上の規模に拡大する計画なら、一棟目から法人で購入することをお勧めするね。

でも僕、あんま法人って作りたくないんですよね。

えっ、なんで？

お金の出し入れが不自由になりそうじゃないですか。「女房に財布握られちゃってんだよねー」みたいな金欠オジサンになりそう。

そんなことないよ。確かに、法人の通帳から引き出しすぎると決算書の見栄えは悪くなるけど、基本的には個人事業主時代と変わらないよ。

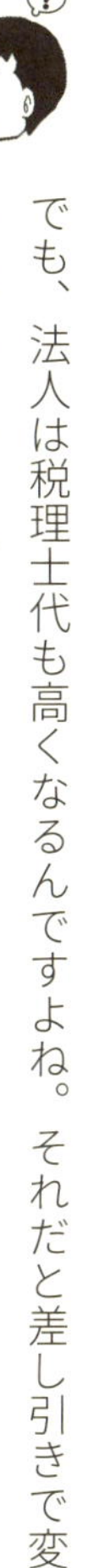

でも、法人は税理士代も高くなるんですよね。それだと差し引きで変わらなさそうです。

税理士からすると、会計処理の煩雑さはそこまで変わらないよ。実際、個人と法人を同額にしているところもあるから。そういう偏見に惑わされず、正しく悩んで決めるといいよ。

今までも、これからも個人は増税、法人は減税

大谷さんは法人化に抵抗があったようですが、個人の所得税の過去の推移を見ると、1974年（昭和49年）の最高税率はなんと75％でした。住民税と合わせると最高税率93％となっています。

数字を見るだけで、なんとも恐ろしい時代です。

稼いだ額の93％が国と地方に持っていかれ、手残りはたった7％ですからね。

この時代に生まれていなかったことを幸運に思いますね……

その後は徐々に、段階的な下落傾向となり、昭和59年～61年までの所得税率は最高70％。

1987～1988年までの所得税率は最高60％。

1989～1998年までの所得税率は最高50％。

1999～2006年までは最高37％と減っていきます。

実は、この2006年を境に所得税は増税にシフトしていきます。

2007～2014年までの所得税率は最高40％。

2015～2018年においての所得税率は最高45％になっています。

40年前は住民税＋法人税の最高税率はなんと93%

	1974年	1984年	1987年	1988年	1989年	1995年	1999年	2007年	2015年
税率	%	%	%	%	%　万円	%　万円	%　万円	%　万円	%　万円
	10	10.5	10.5	10	10（～300）	10（～330）	10（～330）	5（～195）	5（～195）
	12	12	12	20	20（～600）	20（～900）	20（～900）	10（～330）	10（～330）
	14	14	16	30	30(～1,000)	30(～1,800)	30(～1,800)	20（～695）	20（～695）
	16	17	20	40	40(～2,000)	40(～3,000)	37(1,800～)	23（～900）	23（～900）
	18	21	25	50	50(2,000～)	50(3,000～)		33(～1,800)	33(～1,800)
	21	25	30	60				40(1,800～)	40(～4,000)
	24	30	35						45(4,000～)
	27	35	40						
	30	40	45						
	34	45	50						
	38	50	55						
	42	55	60						
	46	60							
	50	65							
	55	70							
	60								
	65								
	70								
	75								
住民税の最高税率	18%	18%	18%	16%	15%	15%	13%	10%	10%
住民税と合わせた最高税率	93%（注1）	88%（注1）	78%	76%	65%	65%	50%	50%	55%
税率の刻み数（住民税の税率の刻み数）	19（13）	15（14）	12（14）	6（7）	5（3）	5（3）	4（3）	6（1）	7（1）

（注）
1. 49年及び59年については賦課制限がある。
2. 2013年1月から2037年12月までの時限措置として、所得税額に対して2.1%の復興特別所得税が課される。

現在、住民税率は10％ですので、所得税と住民税を含めた実効税率は55％となっています。

一方、法人税については、財務省の公表によると、１９８４年の基本税率43・3％（中小法人は年８００万円以下につき31％）をピークとして、それ以降は一貫して減税方向に推移しています。

現在の法人税の実効税率は、所得４００万円までであれば、約21％。

所得４００万円～８００万円まででであれば、約23％。

所得８００万超であれば、約33％となっています。

所得税の最高税率と法人税率を比べて話をするのは少し乱暴ですが、事業を行うのであれば法人の方が得であるのはこれを見ても歴然となっています。

法人税の実効税率は、法人税率、地方法人税率、事業税率、地方法人特別税率、法人住民税率をプラスすることで実効税率を出せます。

国税は全国一律ですが、地方税は都道府県によって微妙な違いがあります。

一方、個人は所得税の税率、復興所得税率、住民税率、個人事業税率の税率をプラスすれば実効税率を出せます。

実は今現在、中小企業の軽減税率（延長されて２０１９年3月31日まで）が適用されている最中のため、年８００万円以下の利益については法人税だけで見ると本来19％のところが15％の税率となっています。

中小法人の基本税率

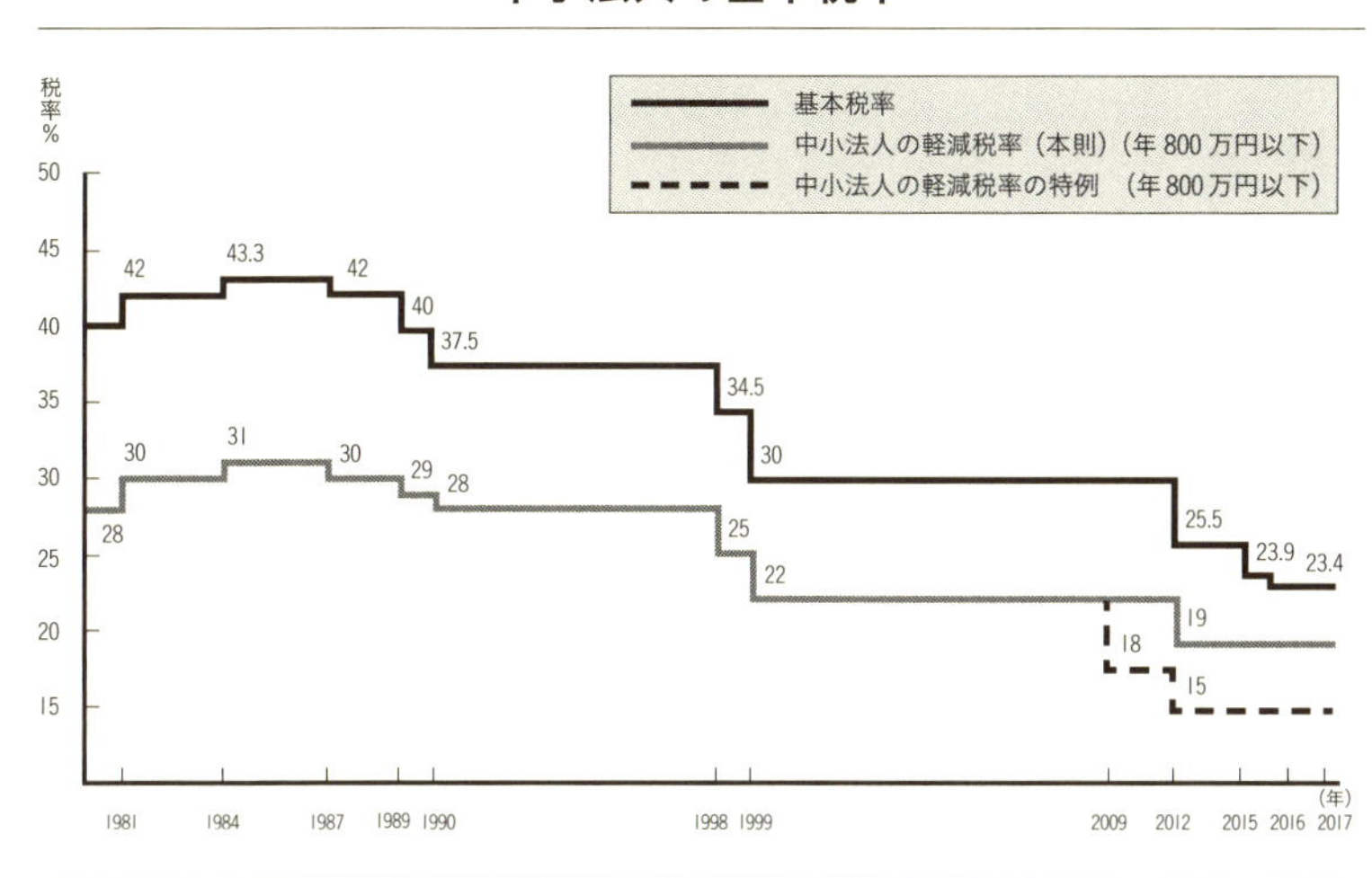

おそらく、次回も延長されるのではないかと思われます。

日本生活協同組合連合会の調査によると、2017年における給与所得世帯（サラリーマン）の収入に占める税金と社会保険料の合計割合が22・1％だったとのことで、過去最高を記録しました。

給与所得世帯の収入は2008年のリーマンショックと比べて4％増加していますが、それに比例して税金と社会保険料も20％増加しているため、可処分所得（収入－税金－社会保険料）はほとんど変わっていないとのことです。

つまり、この調査結果を見ても、サラリーマンがいかに税負担を強いられているかが見てわかります。

ちなみに、国税庁が公表している民間

給与実態統計調査によると、男性の給与は55歳になるまでは上昇傾向が続き、56歳以降は下落していく傾向にあり、女性の給与は20代～50代まで見ても勤務年数や年齢による給与の変動は見られなかったという調査結果があります。

不動産投資をするにあたって、このような統計結果を取り入れて、将来の資産形成を考えてみるのも良いのではないでしょうか。

つまり、男性であれば55歳までを資産形成の1つの目処とするのです。

不動産を個人で取得するとわかりますが、規模が大きくなってくると必ずキャッシュフローが悪くなってきます。

それは所得税と法人税が逆転するために起こるのですが、将来的にキャッシュフローを大きくしたいと考えていたり、リタイアを目標としているのであれば、最初から法人で始めるべきなのです。

よく、不動産屋が個人で物件を取得して所得税還付を受けましょうというのは、営業トークに過ぎず、法人で物件を取得した後でも個人で行える節税方法はいくらでもあるのです。

手残りがもっとも増える最適な法人化の時期

よくいただくご質問で、法人化はいつ頃行えばよいでしょうか？というお話があります。

法人化するタイミングですが、ズバリ、課税所得400万円を超えたら、法人に切り替えるべき、と考えています。

課税所得が今の時点で400万円を超えていなくても、将来的に400万円を超えることが見えているのであれば、一棟目から法人で取得した方が得ではないかと考えています。

不動産投資家全体での個人での保有率は60%ほどだそうです。

つまり、個人で不動産を持っている人が全体の60%を占めるということです。

物件の規模が小さかったり、ご年収があまり高くなかったりという状況であれば、まずは個人での取得をお勧めしますが、そうでなければ、いきなり法人で物件を取得することをお勧めしています。

不動産投資はかなり長期間での保有となりますし、途中、物件の入れ替えはあっても不動産投資自体は長く続ける場合が多いと思います。

そう考えた場合に、トータルでのキャッシュフローを考えるなら最初から法人で取得する方が有利に不動産投資を進められるのではないでしょうか。

さらに、相続まで考えている人は、なおさら法人で取得するべきだと思います。

個人での相続対策となると、手続きや手法がとても複雑で、それにまつわる経費も余計に掛かります。

ですが、法人での相続対策というのは非常にシンプルで、かつ税額も個人に比べて安くなる可能性が高いです。

法人にすることで受けられなくなる特例があったり、個人でしか受けられない特例などは存在しますが、トータルで判断すると法人に軍配が上がるのではないでしょうか。

その法人イメージ誤解です！個人取得したがる人の勘違い

ご相談に来られるお客様が良くおっしゃるのは、個人事業主だとお金が自由に使えるからあえて個人事業主のままにしているんです、というお話です。

実際はそんなこともなく、1人会社の代表者であれば、お金は個人事業主時代と同じように自分の思い通りに使うことができます。

可処分所得が少なくなるという話や会社の通帳からお金を引き出しすぎると、役員に対する貸付金が発生するので、利息のやり取りなどにより決算書の見栄えが悪くなったりという話もありますが、自分の思い通りにできるという点では個人も法人（中小企業）もさほど変わりません。

確かに小規模の大家さんのままであれば個人で取得したままの方が得ではあります。

ですが、続けていれば次第に規模が大きくなってくるのが不動産賃貸業です。

そうなってきた際に、所得税や相続税の負担を考えると最初から法人での取得が得なように思います。

あともう1つ、法人化に対する勘違いがあるとすれば、税理士代です。

法人化することで税理士代がアップするものと勘違いしている投資家さんが多くいらっしゃいますが、会計処理する税理士側の立場からいえば大して手間は変わらないといえます。

個人も法人も同額で顧問をやっている会計事務所もたくさんありますので、探されてみると良いと思います。

まずは株式会社より合同会社を設立しよう

よくいただくご質問に、株式会社と合同会社はどちらがいいのでしょうか？ というものがあります。

どちらにもメリットがありデメリットがあります。

株式会社は株主がお金を出資し、取締役が経営を行うことで出資と経営が分離しているのですが、合同会社は出資と経営が分離しておらず、出資者でなければ役員になれないため、出資した人が経営も行うことになります。

そのため、株主に経営の口出しをされることがないため自由に経営を進めていくことができます。

ただ、中小企業であれば、株式会社でも出資と経営が一体となっていることがほとんどですから、実態としての違いはないとも言えますね。

設立コストを優先されたいのであれば、断然、合同会社の方が得です。

それでは、合同会社のメリットと特徴を挙げておきましょう。

①設立費用が安い

株式会社であれば定款の認証代と登録免許税で20万円ちょっとかかりますが、合同会社は定款の認証代がかからず、登録免許税の6万円で設立可能です。

司法書士に依頼すれば、この金額に手数料が上乗せされます。

②社員（役員）の任期がない

株式会社の場合は取締役の任期というものが存在し、原則、取締役2年、監査役4年とされており、定款で定めておけば最長10年まで延長できます。

そして、任期が到来すれば、あらためて重任の登記が必要となり、登録免許税1万円がかかります。

合同会社の場合は任期自体が存在しないので、任期の到来や重任の登記が不要となります。

③法人も社員（役員）になれる

合同会社であれば、個人だけでなく、法人も社員（役員）になることができます。

④決算公告が不要

株式会社の場合、毎年、決算が終われば決算公告が必要となります。

実際のところ、中小企業で決算公告をしている会社はほとんどありませんが、法律的にはやらなければならないものとされています。

合同会社の場合、法律的にも決算公告は必要とされておりません。

⑤利益分配の柔軟性が高い

株式会社の場合は株数に応じた利益配分が基本となります。

合同会社の場合は、利益分配を自由に決めることができます。

その際、出資の比率に応じることもなく、社員間の話し合いで決めることもできます。

⑥増資の際に全額を資本剰余金に割り振れる

株式会社の場合は増資しようと思ったとき、最低でもその金額の半分を資本金に回し、残りを資本準備金にする必要があります。

そのため、増資をしようとすれば必ず資本金の増加が伴うこととなり、資本金は登記事項のため、登録免許税として3万円かかります。

合同会社の場合は増資する金額のうち、いくらを資本金に割り振るのか自由に決められます。

そのため、全額を資本剰余金にすれば登記せずに処理が完了します。

また、資本金が1000万円を超えると法人住民税均等割が増加しますので、注意が必要です。

⑦有限責任である

株式会社の場合も合同会社の場合も、自分が出資した範囲内において責任を負うこととされており、責任が限定されています。これを間接有限責任といいます。

⑧株式会社への組織変更も可能

最初は設立コスト、維持コストの安い合同会社でスタートして、会社が軌道に乗ってきたら株式会社に変更するということも可能です。

その場合は、大抵6万円の登録免許税を支払えば変更できます。

⑨会社から手を引く際に楽である

株式会社の場合であれば、事業から手を引きたいと思った際、株を買い取ってもらう必要がありますが、合同会社の場合は、個人の意思のみで経営から抜けることが可能で、その場合は出資した金額を清算することになります。

以上が合同会社のメリットと特徴です。

後から株式会社に変更することもできるため、法人設立する場合、まずは費用が安く済む合同会社から始めるということで良いのではないでしょうか。

超お得に個人から法人へ所得を移す3つの方法

個人から法人へ売上を移転する方法としては、3つあります。

・**管理会社方式**
・**転貸借方式**
・**法人所有方式**

【管理会社方式】


これは、もっとも節税効果が低く、かつ3つの中では税務リスクの高い手法となります。

個人で物件を所有しており、かつ個人での物件所有を継続したい場合に用いる方法で、法人を作り管理を委託します。

その管理費分だけが個人の収入から除外されることで節税効果が生まれます。

ここで問題となるのは、管理会社に支払う管理費の水準です。

概ね5～10%であれば問題ないとされています。

ですが、実態がないにもかかわらず管理費だけを支払っているとなれば、税務署から否認される可能性が高いので、その点、注意が必要です。

つまり、しっかりと仕事をする必要が出てきます。

さらに、自前の管理会社と併せて、不動産業者に管理を委託している場合には用心が必要です。

その場合には、不動産業者の行う仕事と自前の管理会社が行う仕事を分けることで、リスクを軽減できます。

一般的な管理業務の内容として、次の内容が多いのではないでしょうか。

入居者の募集/入居者の審査/賃貸借契約の締結と更新募集図面の作成/空室の管理/家賃入金の管理/大家への家賃の送金/家賃滞納の管理/連帯保証人への督促/クレーム対応/建物の清掃/敷地の清掃/修繕の対応/退去時の現地立会い/退去時のリフォーム見積り/リフォーム費用の清算/敷金の清算/

これ以外にも、もっと細かく分けていけばたくさん出てくると思います。

これらの作業を不動産業者の行う仕事と自前の管理会社が行う仕事で分けていけば、問題ないでしょう。

1
2
3
4
5
6
7

注意点としては、個人と自前の管理会社との間で建物管理委託契約を結んでおき、その内容も明確にしておくことと、その内容と見合った管理費であること、という点です。

【転貸借方式】

これは、3つの方法の中での節税効果は中くらいですが、税務リスクは比較的低いです。

この場合も、管理会社方式と同様で、個人で物件を所有しており、かつ個人での物件所有を継続したい場合に用いる方法で、法人を作り、サブリース契約を結び、物件を一括借り上げすることで家賃保証し、管理費をもらいます。

そして、法人は店子と賃貸借契約を結びます。一括借り上げをする法人がもらう管理費分だけが個人の収入から除外されるので、節税効果が生まれるという方法です。

その際の管理費は、一般的には15〜20％とされています。過去の事例にて20％で否認されている事例もありますので、安全圏で節税を行いたいという場合は15％に設定しておけば問題ないかと思われます。

ただし、入居率が50％以下といった稼働率の低い物件の場合であれば、その分、サブリース会社の方もリスクが高くなります。その場合は、管理費を30〜40％に設定することも十分可能だと思われます。もしくは、状況に応じて賃料の変更ができる旨を契約書に入れておく方法でも良いでしょう。

転貸借方式において、店子から敷金、礼金をもらう場合は、契約主体が自前の管理会社となっているため、敷金、礼金は管理会社に属することになり、節税の面でも有利になります。注意点としては、個人と自前の管理会社との間で建物賃貸借契約を結んでおき、自前の管理会社と店子との間でも賃貸借契約を結ぶという点です。

【法人所有方式】

これは、3つの方法の中でも一番お勧めの方法で、かつ税務リスクもほとんどありません。一番安全性が高い方法とされています。

やり方は、収益物件を購入する際、個人ではなく、法人で購入するだけです。

個人の収入を100%法人の売上にすることができ、敷金、礼金についても同様です。

また、副業がばれたくない人にとっても、奥様や両親を代表者にすればまずわかりません。

法人税、所得税、相続税など、他の税金を考慮しても法人所有方式の方が圧倒的に有利です。ですので、不動産投資を行うにあたり、トータルの税金、トータルのキャッシュフローを考えると法人で持つべきなのです。

それでは、この法人化の3パターンでもっとも節税効果が高いのはどれでしょうか？

もっとも節税効果が高いのはズバリ「法人所有方式」です。

つまり、一番、キャッシュフローが残りやすいのが法人所有というわけですね。

法人の資本金を1000万円以下にするべき理由

法人を設立する際に悩むのが資本金だと思います。

資本金は1円から設立可能とは言いますが、実際のところ、1円にしてしまうと100円のボールペンを買った時点で債務超過になってしまいます。

ですので、いくらがいいのかというご質問を良くお受けしますが、銀行借入を意識するなら300万円以上あれば問題ないでしょう。

資本金は一時的に会社の通帳に必要なだけのお金なので、手元にいくらか余裕資金があるならそれを使って資本金にすべきだとお勧めしています。

会社の資本金は使ってはいけないお金だと思っている方もいらっしゃるのですが、そんなことは全くありません。

むしろ、それを元手として商売をしていくためのお金ですから、費用対効果を考えながら使っていくべきお金となります。

実は、資本金1000万を超えると、法人住民税均等割が約2倍以上（都道府県によって差があります）となりますので、要注意です。

加えて、新設法人の場合は資本金1000万円を超えると、2年間の消費税免税期間の恩恵を受けられなくなりますのでその点も注意が必要です。

ただ、大家さんは課税売上がほとんどないですから、仮に納付になっても少額で済むかと思います。

繰越欠損金は10年間に変更された

今までは、法人で青色申告であれば、赤字が出た場合に繰り越せるのは9年間でしたが、2018年4月1日以後から始まる事業年度においては10年間繰り越せることとなりました。

3月決算の法人であれば、2018年3月期における欠損金の繰り越しは9年となりますが、2019年3月期における欠損金の繰り越しは10年となります。

法人税は、だんだんと緩くなっていく傾向がここでもうかがえます。

個人事業主の場合は、今も昔も青色申告の場合、赤字の繰り越し可能年数は3年と決まっています。この取り扱いは以前から変わっていません。

身内と従業員なら ゼッタイ身内を役員にすべき

奥さんや子供、親がいる場合、会社の役員にすべきか、それとも一般の従業員にすべきか迷うと思います。

その答えは、ズバリ身内を役員にすべきです。

なぜなら、役員になっているという時点で、法人に対して責任とリスクを背負うこととなります。

そのため、それほど労働が伴っていなくとも、役員給与を経費として認められやすくなるのです。

一方、一般の従業員にする場合は、支払う給与手当が労働と見合うものなのか、という視点でのチェックが厳しくなります。

ですので、ほとんど労働していないような場合は、全額否認というのもなくはないのです。

つまり、役員にするだけで、法人に対する責任とリスクを背負っている分だけ、すんなり給与が認められやすくなるというのがポイントなのです。

つまり、身内がいる場合は、役員にする方が得になり、所得分散しやすくなります。

法人の減価償却を使いこなす方法

実は、法人の減価償却というのはとても優遇されていて、建物など、法律で決まっている償却方法以外の資産については、原則、定率法が適用されます。

しかも、償却額は任意で決められます。

たとえば、今年は100万円の減価償却費が使えるとしても、あえて50万円にし、差額を他の経費で埋めるといったような調整をすることができます。

1年で決められている償却限度額よりも多く計上することはできないのですが、少なく計上する分には問題ありません。

実のところ、減価償却費はそのようにして利益の調整弁として使われています。

「今年はこのくらいの利益にしたいから、減価償却費をこのくらい計上しておこう」といったことが、後から行えるのです。

上場企業では、株主からのチェックが厳しいためほとんどの場合、償却限度額まできっちりと償却していたり、むしろ、法定の償却限度額よりも多く償却して、申告書で税額調整するということをしていますが、中小企業においては、ほとんどが限度額まで償却せず、任意の金額を償却しているというのが実態なのです。

このように減価償却においては、上場企業と中小企業は真逆な処理をしていることが多いのです。

一方、個人事業主は、減価償却費を利益の調整弁として使うことができません。必ず、限度額まで償却しなければならないという法律になっているからです。赤字が多い年だったとしても、償却しなければならないのです。その点、やはり法人の方が有利な制度ですね。

頭に入れておくべき法人化のデメリット

法人化のデメリットとしては赤字になっても必ず最低7万円の法人住民税均等割分という地方税を払わされるという点です。

もう1つ大事なのが、社会保険に加入しなければならないという点です。

個人事業主であれば、従業員5人以下であれば社会保険の加入は不要ですが、法人の場合は1人社長でも社会保険に加入しなければならなくなっています。

さらに法人の場合で言えば、2年連続で期限後申告を行うと青色申告を取り消される可能性があるという点もデメリットといえます。

他にも税務調査の際に帳簿を提示しない、そもそも事務所に帳簿を備え付けていない、税務署長の指示に従わない、隠蔽・仮装などによる申告を行った場合、無申告の場合には青色申告を取り消されます。

実は、この規定、個人事業主の場合には少し緩くなっています。

個人事業主における青色申告の取り消し要件としては、税務調査の際に帳簿を提示しない、そもそも事務所に帳簿を備え付けていない、税務署長の指示に従わない、隠蔽・仮装などによる申告を行った場合となっており、2年連続で期限後申告という点と、無申告の場合という点が、個人事業主には規定されていません。

さらに、事務所に帳簿を備え付けていないといった場合に青色申告を取り消される事例は個人の場合、ほとんどなく、法人よりも優しい取り扱いとなっています。

これは税務署側の認識として、法人よりも個人の方が税金について素人であるという認識があるためです。

社会保険を脱退する裏テク

法人を作ると、協会けんぽや年金事務所から加入を促す郵便物が届きます。時期は設立から5年以内くらいが目安ですが、10年経っても来ない場合もあります。一度加入してしまうと脱退が不可能に思える協会けんぽですが、実は脱退できる方法があります。

それは役員給与をゼロにすることです。実は、給料がゼロだと入りたくても入れないのです。毎月の保険料は、会社と個人で半分ずつ折半しますが、給料から差し引くときに、給料がゼロだと差し引けないからです。ですので、どうしても脱退したいときは、いったん役員給与を1年間ゼロにすると脱退が可能となります。

あともう1つの方法として、役員給与は支払っているが社会保険に加入しなくて済むやり方があります。それは、自分が代表者になり、奥さんを非常勤役員にする方法です。

逆でも問題ありません。代表者には役員給与を支払わず、非常勤役員にだけ支払うようにすれば社会保険は加入しなくて済みます。

ただ、代表者に1円でも支払っていると社会保険の加入義務が発生しますので、その点注意が必要です。このご時世、社会保険料が支払えずに倒産する会社もあるくらいですからしっかり対策をしておかないと意外なところで足元をすくわれる可能性もありますので、そんなときはこのノウハウを活用していただけたらと思います。

法人ってだけで融資額を大幅に増やす方法

個人で融資を組むと、必ず個人の信用情報は指定信用情報機関に登録されることになっています。日本に存在する指定信用情報機関は3つあり、ＪＩＣＣ（日本信用情報機構）、ＣＩＣ（Credit Information Center）、ＪＢＡ（全国銀行個人信用情報センター）となります。

住宅ローンも含め、融資を受けると、個人で直接借りる場合はこの3つのどれかに登録されることになります。

しかし、法人で融資を受ける場合においては、必ずしも登録されるとは限らないのです。

正確に言うと、法人で融資を受ける場合、代表者も連帯保証人となることが多いと思いますが、その際、法人自体の信用情報は登録されるのですが、連帯保証人である代表者は登録されない場合もあるということです。

加えて、法人は継続企業（ゴーイング・コンサーン）を前提としているため、個人事業主よりも融資を受けやすくなるというメリットがあります。

つまり、社長が引退しても、息子たちに引き継がれれば事業は今後も続いていくだろうということを銀行側が考えるわけです。

最初の融資はほとんどの場合、個人の信用枠を使った融資となりますが、次回以降においては、事業の中身を見られ、この人は経営者として資質があるのかどうかという点を見てきますので、個人事業主よりも融資を受けやすくなるのです。法人にはそんなメリットもあります。加えて、法人でも団信に対応している銀行もあります。

法人の節税 この1点だけ注意

節税を考えるうえでもっとも大事なのが、融資を使って規模を拡大したいなら過度な節税を行いすぎて赤字を選択するというのは避けた方が得策だという点です。

銀行は赤字を嫌いますし、ぎりぎり黒字の会社よりも大幅な黒字の会社の方を好むのは当たり前でしょう。逆の立場になってみるとわかるのですが、同じ売上なら、やはり大きく黒字を出している会社の方が成績が良さそうに見えるものだと思います。

銀行は、担当者が上司に稟議を上げて決済を得る必要があるため、誰もが認める否のない会社が銀行内部の審査では有利になります。

ですので、融資を使って規模を拡大したいのなら過度な節税は避けるべきなのです。

ただ、ホントのところは節税した方が、手元キャッシュフローは増えますし賃貸経営としてはうまくいっているんですがね…ただし、「過度な節税」を避けるというだけであって、「普通の節税」をしていたとしても、借入残高は毎月減っていきますから、それだけ毎月毎月、B／Sの純資産が増加していることになり、その分、融資の枠も空きが出てくることになりますから、その分に関しては融資を受け付けてもらえるものと思います。

毎年のキャッシュフローが十分にあり、2年か3年くらいで現金で1棟買えるくらいの状況であれば、「過度な節税」を行う方がよっぽど手元キャッシュフローが増えます。

銀行側が融資の際にもっとも重視する指標とは？

あと、銀行融資を使う際に、銀行側がもっとも重視する指標があります。

それは債務償還年数です。

返済可能期間とも呼ばれているこの指標ですが、簡単に言うと、借入金を利益で完済するのにどれくらいの期間を要するかというものを見る指標になります。

会社の実力を表すのにもっとも適している指標とされているため、銀行側で重宝している指標です。

式はこのようになります。

有利子負債／（営業利益※＋減価償却費）
※税引後純利益で判断することもある

たとえば、5000万円借りて、営業利益が200万円、減価償却費が100万円だとすると、債務償還年数は約16年になります。

銀行側の目安としては、以前は10年以内であれば良好な収益性のある会社だと判断していましたが、中小企業であれば、15～20年以内というのが目安になってきています。

だからといって、債務償還年数にあまりとらわれる必要はなく、不動産賃貸業は他の事業と比べると手間がかからない分、収益性は低いのが一般的ですから、収支のシミュレーションをして、投資対象に当てはまっていればそれほど気にする必要はないでしょう。

第6章

知らないと地獄行きの
税務の落とし穴

この章を読む前に

大谷君はだらしない？

えっ、何ですか突然？　えーと、酔っ払ったときに会社のパソコンをゴミと間違えて捨てたことはありますかね。

…

それがどうしたんですか？

いや、青色申告承認申請書の提出忘れをする人がたまにいるから、大谷さんはどうかな〜、と思って。気をつけたほうがいいと思います。

今まで聞いてきて、思ったんですけど、税の世界って不親切ですよね。こっちが能動的に行動しないと、ムダに取られるようになっていませんか。

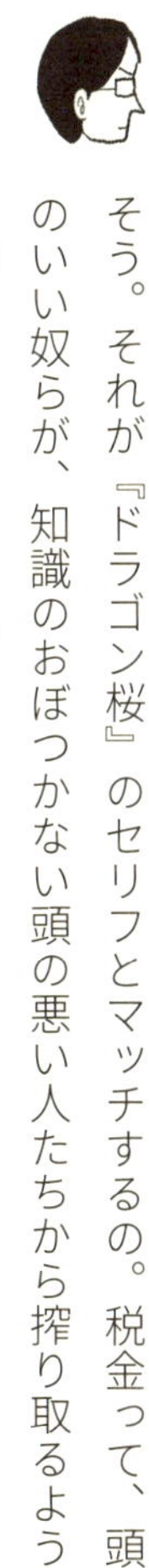

そう。それが『ドラゴン桜』のセリフとマッチするの。税金って、頭のいい奴らが、知識のおぼつかない頭の悪い人たちから搾り取るように作られているんです。

あれ、今の文脈だと僕のことを「頭の悪い人」って言ってますね。

ああ、いやいや、それはその…

まあ、わかりますよ。僕なんか、税務署って聞いただけで気おくれしちゃいますからね。「税のプロだから敵わない」って。

でも、ルールにのっとって、節税するなら堂々と節税していいんだよ。僕の考えだと、賃貸経営にまつわる出費って結構幅広いと思うんだ。大谷さんも税法のルールを学んで、堂々と税務署の人たちと論議を交わして、手残りを増やしてほしいね。

イチバン得する建物と建物附属設備の配分法

本書をご覧の方も、税の知識を身につけて、「頭のいい人」たちに対等に渡り合っていきましょう。

新築物件を購入した時は、建物と建物附属設備は売買資料の中で区分されていることが多いので、問題ないのですが、中古物件を購入した時には通常、建物と建物附属設備はわかれていません。

それをそのまま全額、建物とすると一年で計上できる減価償却費が少なくなってしまうので、建物附属設備の分を区分して減価償却の計上を行う方が一般的には得です。なぜなら、建物附属設備の方が耐用年数が短いからです。

そして、大きな勘違いをしている方もいますが、建物附属設備には償却資産税はかかりません。償却資産税というのは地方税としてジャンル分けされている税金になります。

駐車場置き場やアスファルト舗装、外構、看板といった構築物などには償却資産税はかかってきますが、建物附属設備は通常、建物と一体となっているので償却資産税はかかりません。これを勘違いして、毎年1月31日に提出する償却資産税の申告書に建物附属設備を計上している人がいるので要注意です。

あと、物件を取得した年の申告書に、建物と建物附属設備を分けて計上しなかったという場合でも、ご安心ください。5年以内であれば、「更正の請求」で修正することができます。

「経済的耐用年数」でムダな赤字を減らす

実は、法定耐用年数以外にも使うことができる耐用年数があるのを知っていましたか？

それは経済的耐用年数というものです。

経済的耐用年数とは、投資家自身や専門家が見積もった場合の耐用年数で、「あとこのくらいは収益物件として持つだろう」という年数を意味しており、必ず法定耐用年数よりも長くなります。

法定耐用年数より短くしても、必ず税法の決まりで法定耐用年数に引き直されてしまうからです。

経済的耐用年数に目安はありません。

法律で決められたものではないですし、税法の中に経済的耐用年数という言葉自体も出てきませんので、その人自身の見積もり年数で大丈夫です。

一応、多いパターンとしては、

・RCで70年
・鉄骨で60年
・木造で50年

といったところでしょうか。

これを超える年数を使ったとしても問題ありません。

それでは、この「経済的耐用年数」はどのようなときに使うのでしょうか？

それは、法定耐用年数では減価償却費が大きくなりすぎて赤字が出すぎる場合です。

そのようなときに耐用年数を長く見積もれば、1年あたりの減価償却費が少なくなります。

そうすることで、無駄な赤字を減らしてトータルで節税していくのです。

税務署的には、目先の税額だけを気にするので、法定耐用年数よりも長ければ何も文句は言いません。

「青色申告承認申請書の提出忘れ」の対処法

基本的な税務の知識ですが、青色申告承認申請書の提出期限は、新設法人なら設立から3か月以内、個人なら開業から2か月以内とされていることは皆さんご存知だと思います。ですが、意外とこの青色申告承認申請書の提出をし忘れている方が多いのでお気を付けください。

基本は開業したらすぐに提出してしまえば大丈夫なのですが、提出したつもりになっていて、実は提出しておらず白色申告になっているというお客様もよくいらっしゃいますので、不安な方は確認されるとよいと思います。

他にも開業届、給与支払事務所の届出、源泉所得税の納期の特例の承認に関する申請書がありますが、青色申告承認申請書の届出に比べれば重要度は大きく下がります。

新しく開業した場合、税務署に届け出に行っても青色申告承認申請書に関しては案内がなかったという話も何度か聞いたことがありますので、青色申告承認申請書の提出だけは忘れないようにしてくださいね。

ついでに申し上げますと、青色申告特別控除は２０２０年以降、電子申告で行わなければば控除額が55万円に引き下げられるように制度が変わりますので、個人で物件をお持ちの方はこの機会に電子申告の準備をされた方が良いかと思います。

「配偶者控除の入れ忘れ」はどうする？

よくあるミスが配偶者控除の入れ忘れです。

そんなことホントにあるの？

と思われるかもしれませんが、自分で確定申告している人によくあるうっかりミスです。

しかも、本来受けられる控除を入れ忘れても税務署からお知らせが来ることはありません。

控除を受けるも受けないも本人の自由だからです。

ですので、ご自身の確定申告書を見直してもらって、金額が入っていなければすぐに更正の請求をしましょう。

5年以内なら可能です。

新しく結婚した人は、12月31日の年末時点で婚姻関係（入籍）があれば配偶者控除を使えます。

白色申告でも事業専従者控除は使える！

たまに、あえて白色申告を選択している人がいらっしゃいます。

白色申告は青色申告と比べると優遇は減りますが、事業的規模であることが前提となりますが、白色申告でも奥さんなどの親族に事業専従者控除を支払って節税を図ることが可能です。

年間支払額の上限は86万円になりますが、どうしても白色申告がいいという方は使える制度ですので、利用されるとよいでしょう。

これには注意点もあって、事業専従者控除を出すと、配偶者控除と扶養控除が使えなくなるのでその控除額以上の事業専従者控除を支払わないと損になってしまいますので計画的に利用すべきですね。

事業的規模の判定は「概ね5棟10室」となっていますが、戸建ての場合は1棟を2室で換算し、駐車場であれば5台を1室で換算します。

ですので、戸建て、アパート（マンションも含む）、駐車場の関係は、1：2：10となっています。

これらは形式的基準とされており、これとは別に実質的基準が用意されています。

事業的規模の判定に実質的基準があるなんて知っていましたか？

用意されているといっても明確な基準があるわけではなく、実務上、このように取り扱っているというものが2点ありますのでご紹介いたします。

①家賃収入が年1000万円以上あること
②家賃だけで生活が成り立つこと

これが実務上で使われている事業的規模の実質的基準と言われているものです。

形式的基準に満たない場合でも、実質的基準に当てはまれば事業的規模と判断される可能性があります。知っておくと役に立つかと思います。

事業的規模じゃなくても青色10万円控除は受けられる

基本中の基本の知識として、事業的規模でなくとも青色申告承認申請書を出せば10万円控除が受けられます。

なぜか、「青色は事業的規模じゃないと提出できない」とか、「青色を提出しているのに事業的規模じゃなければ何も控除を受けられない」というご認識の方がいらっしゃるのでご注意です。

しかも、青色10万円控除の場合は複式簿記での会計処理は求められておらず、単式簿記での処理でも認められています。

つまり、家計簿のようにまとめているだけで大丈夫なのです。

ここで改めて、青色申告の知識の再チェックをしてみるとよいでしょう。

交際費を最大限に経費計上する方法

交際費は景気のバロメーターとも言われている経費項目で、実際、アベノミクス効果によりここ数年、交際費は大幅な増加傾向にあります。

毎年、国税庁から公表されている、会社標本調査による交際費の業種別金額は次のようになっています。

交際費の内訳

区分	交際費支出額	1社当たりの交際費支出額	営業収入1,000円当たりの交際費
(業種別)	億円	千円	円・銭
農林水産省	152	764	3.54
鉱業	170	3,299	4.56
建設業	10,160	2,257	5.40
繊維工業	274	1,312	3.29
化学工業	3,397	7,768	4.28
鉄鋼金属工業	1,774	2,597	3.69
機械工業	3,570	3,688	2.20
食料品製造業	1,298	2,808	3.05
出版印刷業	1,061	2,204	5.62
その他の製造業	1,820	1,625	2.90
卸売業	7,953	2,784	2.11
小売業	3,735	1,018	2.18
料理飲食旅館業	1,007	838	4.07
金融保険業	1,661	5,124	2.47
不動産業	1,846	766	5.02
運輸通信公益事業	3,295	3,964	3.45
サービス業	6,255	1,430	4.37
その他の法人	1,213	3,930	2.24
合計	50,639	2,018	3.19

引用：国税庁HP

不動産賃貸業は、不動産業の中にジャンル分けされますが、1社平均76万6千円という結果になっています。

これは、売買を行う業者も含めての金額となりますので、大家さんだけの平均値ではないのですが、目安にはなります。

ですが、一般的に、不動産賃貸業は交際費を経費に落としにくい業種だとされているのをご存知でしたか?

なぜなら、大家業であれば、仕事の関係先との飲み食い代がそもそも発生しにくい、発生する機会があまりないというふうに税務署から認識されているからです。

ですので、ここで大家さんが交際費を経費に落とすためのポイントをお話ししたいと思います。

交際費に分けられる金額の目安としては1人当たり5000円超の食事代であれば交際費に該当するという点は良く知られており、領収書の裏に、取引先の会社名、担当部署、名前、人数といった項目を記載しておくというのが一応の要件となっています。

そして、交際費でもっとも税務署から目を付けられやすいところが、私的な接待費が計上されていないかどうかという点と、高額な交際費の領収証の有無です。

私的な接待費というのは、事業とは関係のない飲食代にもかかわらず経費として計上していることを指しますが、通常、友人との飲食代を指すことが多いです。

ですが、不動産賃貸業を行う前は単なる友人との飲食代だったかもしれませんが、不動産賃貸業を行うことで、その費用を有効に経費として計上することができるのです。

つまり、不動産投資の情報交換も兼ねることで経費にすることが可能なのです。

もし、その友人が、すでに不動産投資を始めていたり、不動産屋さんとのやり取りを行っていたりすれば、その友人から有益な情報をもらうこともあるでしょうし、逆にこちらから今付き合っている不動産業者の情報や物件情報、良いリフォーム業者の情報などを提供することもあるでしょう。

そういった内容の食事会であれば、事業との関連性が認められますから経費に計上できる可能性が高まります。

高額な領収書の落とし方

そして、高額な領収書についてですが、税務調査的な目線から見ると、まず、金額の大きい支出からチェックする傾向があります。

それは、金額の大きいものを否認することで、彼らは効率よく仕事を進められるからです。

ですが、高額であろうと少額であろうと、事業と関連していれば堂々と経費に計上することができますし、全く問題ありません。

事業上、必要な経費であるなら、いくらであろうと経費なのです。

ポイントは事業と関連するかどうかです。

同じ出費をするなら、せっかくですので経費にできるような支出にしていくことでキャッシュフローの改善を図りたいものですよね。

不動産取得税がゼッタイかからない2つの方法

世の中には、税のかからないいろんな方法があるもので、不動産取得税もその1つに挙げられます。

実は不動産取得税がかからない物件の取得法があります。

それは、法人の合併、相続で物件を取得する場合です。

合併に関しては、第3章でご説明したやり方になりますね。

ただし、合併をする場合、銀行借入が残っていれば銀行の承諾がいる可能性があるため、確認が必要です。

もう1つの方法が、相続です。

相続で取得する場合は、不動産取得税がかかりません。

その理由は、不動産を取得したというのは、取得した側の意思ではなく亡くなった方の財産を権利上もらえる立場にあったために取得したにすぎないからです。

つまり、取得ではなく「形式的な不動産の移動」という扱いとなるため不動産取得税がかからないのです。

ただし、相続人以外の人へ遺贈する場合には不動産取得税は発生します。

そして、相続で取得する場合は、合併のように官報公告は必要ありません。

実は、この合併と相続、法律的には、合併と相続は同じ扱いになっています。

法人の相続にあたるものが合併であり、個人の合併にあたるものが相続なのです。

個人投資家にだけかかる税 土地負債利子に注意

実は、不動産投資をしている個人投資家だけに適用されるとっても不利な税金の制度があるのを知ってましたか？

それは、土地負債利子というものになります。

るものです。

「土地負債利子」という言葉は、不動産の業界で便宜的に使っている言葉なので、税務署内で通じませんし、税法にも載っていませんが、正確には「土地等を取得するために要した負債の利子の額」という名前で不動産所得用の確定申告書の所得金額の下に書かれているものです。

これは平成4年に制定された法律でバブル防止の目的で作られた法律です。

どういう中身かというと、銀行借入をしているという前提で、個人が所有している不動産所得が年間通して赤字になっている場合、その赤字に達するまでの土地の借入金利子の金額は経費として認めません、というものになります。

たとえば、不動産所得全体でマイナス50万円、土地負債利子で20万円だった場合でいえば、50万円－20万円となり、不動産所得全体のマイナスが30万円まで押し戻されることになるのです。

この制度によって、本来、給与所得から還付を受けられる金額が大幅に減ってしまうケースが多く見受けられます。

キャッシュフローが大幅に悪化する要因ともなりますので、個人で取得する際には注意が必要です。

特に金利が高い、スルガ銀行、静岡銀行で取得する際には金利の割合が高くなりますので、気を付けて欲しいのと同時に、金利の引き下げ交渉や借り換えを検討してみてもよい

1
2
3
4
5
6
7

かもしれませんね。

法人で取得する場合にはこのような法律はないのですが、個人が取得する場合にだけ存在する制度になっています。

「新築物件の建築前に支払った利息」は法人のほうが有利

これを読んでいただいている方の中で、新築を手掛けている投資家さんもいらっしゃるかと思います。

そういった一棟目から新築を建てて大家さんデビューをされる方にぜひとも知っておいて欲しいことがあるのでご紹介します。

それは、新築物件を建てる際の建築前に支払った利息については、個人の場合、取得費に含める必要があるという点です。

つまり、土地についても建物についても物件が稼働する前の段階に支払った利息については全額経費にならず取得費に含めて、貸借対照表に資産計上することとなるのです。

この規定は法人で取得する場合には適用がありません。

ですので、法人で取得するのであれば、取得費に含めても良いですし、支払利息として経費計上しても良いことになります。

ここでも法人の方が有利である点がうかがえますね。

ちなみに、個人で取得する場合であっても、二棟目以降については、新築でも支払利息として経費に算入することができます。

車と自宅家賃の経費計上法

【車の経費計上】

不動産投資家の場合、物件を見に行く際は、車を使うことが多いでしょう。

自宅から徒歩圏内に物件があるという方がむしろ珍しいですし、太陽光発電をやっている人であれば、山奥にソーラーシステムを置くことが多いでしょうから、必然的に車での移動となります。

これは事業に使っているということなので問題なく経費にできます。

経費にできるというのは、ガソリン代だけでなく、車本体の使用料も指します。

個人で所有している車を、法人が借り上げて所得を分散するということも可能です。その際、個人は所得税の申告が必要となります。

【自宅家賃の経費計上】

投資家さんの中には、会社で事務所を借りていて、自宅も賃貸という人もいるかと思います。

その場合、経費になるのは事務所だけで自宅の家賃は経費にならないのではないかという疑問が湧いてくる人もいるかと思いますが、実はこの自宅家賃も経費になります。

仕事を自宅に持ち帰って作業したり、仕事で使う荷物を保管するために置いておくこともあるでしょう。そのような事情がある場合は、問題なく経費にできます。事業と絡んでいれば問題ありません。

自宅を賃貸に転用したとき法定耐用年数を1・5倍にできる

引っ越しすることになり、今まで自宅として使っていた家を、賃貸に出しているという人はわりと多いと思います。

そのような人のためにお得な制度があるのです。

実は、ご自身が居住していた期間については、法定耐用年数を1・5倍にして計算できるのです。

たとえば、木造であれば、本来の法定耐用年数は22年ですよね。

それを1・5倍することによって最大33年の耐用年数となるわけです。

これを使えば、居住期間が22年を超えてから賃貸に出したとしても、まだ11年の償却期間が残っているということになります。

意外と知らない盲点ですので、当てはまる！　という人はぜひ、使ってみて下さい。

住宅ローンを全額受けながら事業費を経費にする方法

ご自宅が持ち家で、かつ個人事業主の場合にしか使えない方法ですが、住宅ローン控除を全額受けながらも、事業でかかった支出を10%だけ経費にすることができます。

該当する経費の項目としては、

・住宅ローンの支払利息
・水道光熱費
・固定資産税
・固定電話代
・減価償却費

これらの項目を10%だけですが、経費にすることが可能です。

固定電話代に関しては、完全に事業用としてのみに使っているのであれば、100%を経費計上することも可能です。

通常、住宅ローン控除を100％まで受けている場合は、その恩恵をすでに受けているということから、以上の項目は経費にできないと考えている人が多いのですが、実は10％だけですが、経費に計上することで節税を図れるのです。

これは、ほとんどの方が知らない知識だと思いますので、これを機に活用してみて下さい。

【すまい給付金】

これと併せて、知っておきたい知識として外せないのが、すまい給付金です。

すまい給付金とはどういう制度かというと、たとえば年収で510万円以下（消費税8％時）であれば、マイホームを取得した時点で最大30万円の給付金を受けることができ、消費税による物件価格増加分を補填する目的で作られた制度になります。

消費税10％時には年収で775万以下の人であれば、最大50万円の給付が受けられるようになります。

他にも要件は細かく設定されていますが、通常のマイホーム取得であれば要件を満たす場合がほとんどです。

やり方は、すまい給付金申請窓口で手続きを行うだけなので、とっても簡単です。

個人事業主が法人成りをするときもっとも間違えやすいミス

実は、不動産投資をしている個人事業主には、個人事業税という地方税がかけられています。

個人事業税というのは、税金ではありますが、経費にできるという珍しい税金となっています。

法人の事業税も経費にできるという点では、同じ取り扱いです。

個人事業税には基礎控除が290万円あるので、そもそも所得が290万円を超えていないと個人事業税はかからないことになるのですが、法人成りした場合に、この個人事業税を経費にし忘れているケースが非常に多いのです。

というのも、個人事業税を経費にできるタイミングは、翌年支払った際に経費にできるということになっています。

ですので、個人事業主が法人成りした後というのは、すでに個人事業主を廃業している状態ですので、個人事業税を経費にするタイミングをすでに失った後ということになります。

そのため経費にし忘れていることが非常に多くなるのですが、これを上手に経費にできる方法があるのでご紹介します。

それは、個人事業主を廃業する事業年度において、翌年支払う見込み額の個人事業税を今年の確定申告で経費に計上するというやり方です。

つまり、まだ支払っていない個人事業税を前もって経費にしてしまうということになります。

その時の計算方法は、こちらになります。

【青色申告特別控除前の所得金額－（290万円×営業月数÷12）】×税率

個人事業税は税率5％なので、「税率」には5％が入ります。

この計算を12月31日が経過した後（前もって法人成りしていればそのタイミング）に行い、確定申告書で「租税公課」として計上するのです。

このやり方は、法人を廃業する時においても同じような考え方で使うことができます。

実はこの制度、税理士でも知らない人がいるくらいあまり知られていない制度です。

タワーマンションによる相続税の節税は今でも有効

タワーマンションは節税に有効なのでしょうか？　というご質問をよくいただきます。

タワーマンション投資は不動産投資で儲けようという話ではなく、また減価償却で節税しようという話でもありません。

これは相続税の節税の話になります。

タワーマンション投資による節税というのは、高層階と低層階の固定資産税評価額が同じである点を利用して行われるもので、富裕層には人気の節税手法となっています。

ですが、このタワーマンション節税、高層階と低層階で実勢価格に開きがあるのに固定資産税評価額が同じなのはおかしいだろうということで、法改正がなされ、平成29年中に完成した新築タワーマンション（20階以上）から順次適用となり、階層に応じた固定資産税評価額が設けられるというふうに変更がありました。

ただ、その変更があまり大きな変更でもなく、具体的には、1階を100とした場合に、2階、3階と階が増すごとに約0・26％ずつ補正率が増えていき、マンションの40階部分の評価額と1階部分の評価額の差が10％ほどしかないというもので、加えて、相続税評価額が改正されることもありませんでした。

しかも、既存のタワーマンションは、既存のタワーマンション住民の批判を考慮して、今回の法改正の影響を受けない取り扱いとしているため、その影響は微々たるものとなり、タワーマンション節税を封じ込めるほどの変更とはなりませんでした。

加えて、平成28年以前に完成済みのタワーマンションを中古で取得したとしても、法改正の影響は受けない取り扱いとなっています。

そのため、いまだにタワーマンションによる相続税の節税は大きな威力を発揮するため、活発に取引されているようです。

ただ、法に則ったやり方で節税策を講じたとしても、相続発生後すぐに売却するなどといったことがあるなど、税務署側で完全に相続税の節税目的と断定されれば否認される取り扱いになっており、実際に国税不服審判所における平成23年7月1日裁決のように否認されている事例もいくつかありますので、注意が必要です。

黒字の大きい個人・法人は海外不動産で節税する

今、海外不動産を利用して所得税と住民税を数千万円単位で節税している人たちがいらっしゃいます。

大体、年収2000万円以上の方が多いですね。

2016年11月に会計検査院から指摘されたのがきっかけで、それ以来、税制改正の度に話題に上っています。

仕組みを説明すると、アメリカやヨーロッパで耐用年数を超えた不動産を買います。

外国で不動産を買っても、日本に住んでいれば日本の建物の法定耐用年数が適用されます。（ここが法の盲点です）

アメリカとヨーロッパでは、売買価格に占める建物と土地の比率が8対2くらいとなっており、耐用年数超えの物件を取得すると、木造なら4年で建物部分を償却できます。

1億円なら8000万円の減価償却費が取れます。

1年あたり2000万円の経費を作れるということです。

海外で物件を買う際に、収益性はさほど重要視されていないことが多く、主に着目されているのは減価償却費を多くとれるかどうかという点です。

そして、減価償却が終了した4年が経過し、譲渡税の軽減が図れる5年以上の保有期間が確保されたところで売却するという流れになります。

法人取得であれば、所有期間で税率が異なることはありません。

黒字の大きい個人や法人がこの方法を使うと、とてつもなく節税できます。

加えて、ここでのポイントですが、アメリカとヨーロッパでは地震の多い日本と比べて建物の持ちが長いのが特徴で、国土交通省のデータによると、アメリカでは木造でも平均66年、ヨーロッパでは平均80年持つという調査結果が出ています。

日本では地震、湿気が多いという地域のため、スクラップアンドビルドを前提としており、平均30年経つと建て直しが行われます。

ですので、取得後5年で売却するとしても、ほとんど買値かそれ以上で売却できるケースが多いのです。

かなり安全に節税できるというわけです。

しかも、会計検査院が調べたところによると、海外物件を所有する人全体の過半数が耐用年数超えの物件を取得しており、全体の80%が家賃収入よりも減価償却費の方が上回っているという結果が出ています。

つまり、完全に節税狙いという動かぬ証拠が、数字上にはっきりと出ているわけです。

ちなみに国内で投資をしている不動産投資家の90％が減価償却費よりも家賃収入の方が上回っています。

まったく逆のベクトルで物件を取得しているのが読み取れますね。

ただ、アメリカの不動産はキャッシュフロー狙いで儲からないという意味ではなく、場所によっては日本と同じように利回り10％くらいは狙えるようです。

それ以上に減価償却費が大きいということですね。

カリフォルニア、ハワイあたりだと、値上がりが大きいためほとんど利回りが取れないようです。

値上がりが大きいため、買った金額の2倍で売れるということも良くあるそうです。

この節税手法は、不動産賃貸業以外でも使える方法で、利益の出すぎたコンサル会社や水商売でも問題なく使えます。

法人で取得すれば5年保有という縛りはなくなるので、4年の償却が完了した時点で問答無用で売却できます。

会計検査院の指摘があるにもかかわらず、いまだに法改正されないのは、国会議員も当たり前のように使っているからかもしれない、という勘繰りをしてしまうのはわたしだけでしょうか・・・

どんな支出でも経費にする方法

お客様から一番多い質問の一つが、どういうものが経費として計上できるんでしょうか？ というご質問です。

初めての申告であれば、右も左もまったくわからないですから、そういう気持ちになるのもわかりますし、質問自体が漠然としてしまうのもしょうがないです。

会計税務って何を質問すればいいのか、それ自体がわからないですもんね。

そして、「どういうものが経費に計上できるんでしょうか？」という質問に対する答え、それは、「事業と関連している支出はすべて経費にできます」というのが答えです。

たとえば、テレビを買ったとします。

自宅で使うためのテレビですが、これをそのまま「自宅で使う」テレビとしたのでは1円も経費になりません。

ですが、「不動産投資の情報番組を見るためにも使っており、不動産投資を効率的に行うためには経済情報にも詳しくないといけない」、「そのためいろんな情報番組を見てアンテナを張っておくことで、情報収集しているんです。そのためにこのテレビを買ったのです。ただ、娯楽用として見ることもあります。」といったしっかりとした理由があれば、全額は無理でも、一部、経費計上することは可能でしょう。

ただし、全く関連していないのに経費に計上してしまうのはいけません。

それをやってしまっては元も子もありません。

ですので、頭を少しやわらかくして考えていけば、もっと経費にできる幅は広がると思うのです。

このようにして、少しずつ経費を積み上げ、無駄に垂れ流すお金を減らすことでキャッシュフローを良くしていけば、賃貸経営をよりよく進めることができます。

第7章

秘伝公開！
"たなぼた"消費税還付のすべて

この章を読む前に

消費税って、コンビニとかで物を買ったときにかかるあの消費税ですか？　２００円のカラアゲちゃんなら20円かかるやつ。

そうそう。

不動産を買ったときの消費税が戻ってくるっていうんですか？

そう。

「そう」って、それスゴくないですか。

うん、コレ結構スゴいよ。

もし５０００万円の木造アパート買ったら、えーと、５００万戻ってくるんですか？

そう。建物部分の消費税は戻ってくる。

カラアゲちゃんが2万5000個買えちゃうじゃないですか！

これは物件を取得した1年目にしかできない手法だから、大谷さんのような初心者にしかできない手法だよ。戻ってくる金額も半端ないから、絶対学んで帰ってね。

先生！

何？

パチンコ行きたくなっちゃいました！

…

金地金の取引で結果的に消費税還付を受ける

もし、金の売買で利益を得ながら、ついでに不動産売買の際に支払った消費税を取り戻せる方法があるとすれば、嬉しいと思いませんか？

普通に大家さん業をしていれば税金は納付するばかりですが、実は、消費税還付という方法を使うことによって支払った消費税の還付を受けることができるという珍しい方法があるのです。

結論からいうと、利益目的で金地金の売買をすることで結果的に建物にかかった消費税の還付を受けられる、という「棚からぼたもち」的な方法になります。金地金というのは、インゴット、簡単にいうと金塊のことです。

たとえば、1億円の物件を買ったとして、そのうち5000万円が建物の値段だとします。

5000万円×10％＝500万円

この500万円は購入した建物にかかった消費税、つまり支払った消費税ということになります。

ですので、この500万円が還付金として戻ってくるという計算になります。

1回だけの取引であれば、これで終わりますが、2回、3回と不動産を買っていくことが多いでしょうから、その場合には800万円、1200万円といったように、還付金も増えていきますので、積もり積もれば大きな金額となっていくため、決して無視できない手法となっているわけです。

実際、今、建物の消費税還付が非常に流行っているんです。

不動産業者もこぞってお客様に勧めていることも影響しているようです。

現在、消費税は10％ですが、その数年後には13％、15％と上がっていく可能性も高いとされています。

そのような状況において、建物の消費税還付は不動産投資において必須のスキルとなってくるものと考えており、不動産投資家にはぜひとも知っておいて欲しい知識だと思っています。

そして、消費税還付は合法的な手法になります。

合法的な手法ですから、節税の枠内に入ります。

違法ではないので脱税にもなりません。

しかもグレーゾーンでもありません。

数年前に消費税還付が不適正な還付手法であるかのような、ヤフー記事が掲載されたことがありました。

実際、わたしもそれを見て、消費税還付はこれで終わるのかなと思っていましたが、今でもごくごく普通に消費税還付を行うことは可能です。

この消費税還付という方法は、実のところ国税側も目を付けている部分であり、何度か法改正を繰り返しています。

ですが、かれこれ10年以上、手を変え品を変え不動産の消費税還付は行われております。

改正されたら使えない？1年目の新米大家さん必見です！

なぜ、建物の消費税還付は昔から法改正が繰り返されているのか、という疑問が湧いてくる方もいらっしゃるかと思います。

その答えは、消費税には、所得税（157条）、法人税（132条）と違い「同族会社の行為計算否認規定」というものが存在しないことに起因しています。

同族会社の行為計算否認規定というのは、税務署が使える伝家の宝刀と言われている法律で、わかりやすく言うと、税を不当に減少させる行為について何でも否認できますよ、という規定なのです。

つまり、税務署側からすると、なんでもありのやりたい放題できてしまう法律になるわけです。

消費税にはこれがありません。

なので、消費税法においては、個々の事例を1つ1つ法改正によって潰していくしかないのです

そういったことから、この論点については、平成22年の調整対象固定資産の見直しによる法改正、その後、平成28年の高額特定資産を取得した場合の見直しによる法改正といったように、過去から法改正が繰り返されていたちごっこのようになっているのです。

今後も法改正の可能性は高いのですが、まだまだ使える方法なので、ここで具体的なやり方をご紹介しようと思います。

消費税還付は物件取得の1年目しかできないため、1年目の新米大家さんだからこそ知って欲しい内容です。

これをやるのとやらないのとではキャッシュフローに大きな差が出ます。

ただし、還付目的のためだけに行うのは止めましょう。

消費税の基本的な仕組みや、支払った消費税から預かった消費税を差し引いた残りを納

付したり還付されたりという話は、普段の生活の中でも体験されていることでしょうから、ご存知だと思いますので、消費税還付の具体的な内容から入っていきたいと思います。

まずは、大きな流れをご紹介します。

一目でわかる 消費税還付の流れとポイント

アウトラインは次のとおりです。

①法人を設立する。
②1期目に消費税の課税事業者選択届出書を提出する。
③1期目に金地金の売買（消費税の課税売上）を行い、できれば課税売上割合を95％以上にする。
金地金の取引量の目安は家賃収入の3年分以上です。
④物件を取得する。
この時、建物価格を高めにすると還付額も大きくなります。

⑤家賃発生月に会計期間の変更をする。
⑥法人税と消費税の申告書を提出する。
⑦消費税の還付を受ける。
⑧物件を取得した日から3年間は課税事業者になる必要があるので、その間は消費税の申告を行い、3年間を平均した課税売上割合が50％を下回らないようにする
⑨3期目に調整対象固定資産の判定をする。
つまり3年間の課税売上割合が50％を下回っていないかどうかの判定を行います。
⑩4期目の末日までに消費税の課税事業者選択不適用届出書を提出する。
⑪通常であれば5期目から免税事業者になれます。

それでは、①〜⑪の流れのなかで、重要な点を補足していきましょう。

①法人を設立する

まず、最初に必要なこととしては、法人を設立するという点です。

消費税還付を受けようとする場合、1物件1法人の方が行いやすくなります。説明は後ほど致します。

法人設立の際には、第4章でご説明した合同会社をお勧めしています。

設立費用も安いですし、あとで株式会社に変更したくなれば差額の登録免許税を支払えばすぐに組織変更できるからです。

法人設立する際の目的に、「資産運用及び管理」などといった文言を入れておくと、金取引も範疇に入るものと思われますが、特に目的に書いていない内容でも事業として行って構わないとされており、その行為が無効になることもありませんが、気にする人は念のため入れておいても良いかもしれません。

②-期目に消費税の課税事業者選択届出書を提出する

法人設立後、すぐに消費税課税事業者選択届出書を提出します。

そして、法人設立の際に問題となってくるのが、レンタルオフィスを使うかどうかです。

自宅で法人登記をするのであれば全く問題ないのですが、個人的な事情などでどうしても自宅で登記をしたくないという方もたまにいらっしゃいます。

そういう場合は、必然的にレンタルオフィスで登記を行うことになります。

そして、レンタルオフィスを使う際に必ず事前に確認をお勧めしている点が、銀行口座の開設が可能かどうかという点です。

というのも、レンタルオフィス、バーチャルオフィスに入居する法人の中には、あまり質の良くない法人もいたりするため、そういった場合は同じ入居者という目で見られますから、銀行口座の開設自体を銀行から断られることもよくあるのです。

具体的なやり方としては、今はネットで探せば選ぶのに困るくらいたくさんのレンタルオフィスが出てきますので、そこに電話をして、実際に借りる前に銀行口座の開設に問題がないか確認するのです。

借りた後に銀行口座が作れない、といった事態になることを防ぐために、実際に借りる前に事前に確認することをお勧めしています。

レンタルオフィス、バーチャルオフィスを借りる場合の相場は月1500〜5000円といったところが多いですね。

バーチャルオフィスＪＰ、レゾナンスといったバーチャルオフィスは安いのでよく利用されています。

ネットで検索してみて下さいね。

銀行口座は複数作って、消費税の還付用の口座と分けた方がいいですかというご質問をよく受けますが、銀行自体も消費税還付の存在を知っていますし、節税行為であるという認識でいますので、銀行側に対してオープンにしている人の方が多いです。

銀行側も納得して了承しているところが多いです。

ただ、中には銀行には秘密にしたいという人もいらっしゃって、別の口座で金取引と消費税還付をしているお客様もいらっしゃいます。

そういう人は融資を受けた銀行とは別の銀行で口座開設をされていらっしゃいます。

ちなみに法人口座の開設は、銀行によって難易度があるのはご存知でしたか？

時期によって違うのでしょうが、今のところ中小企業にとって一番、口座開設しづらい銀行は三菱ＵＦＪ銀行（旧三菱東京ＵＦＪ銀行）だとされており、もっとも口座開設しやすいのはゆうちょ銀行だと言われていますね。

実際の顧問先のお客様の口座開設状況をみていても、そのように体感しています。

③―期目に金地金の売買（消費税の課税売上）を行い、できれば課税売上割合を95％以上にする

そして、銀行口座の開設が完了したら、金取引の口座開設も行います。

金取引の口座開設は後ほどご紹介する業者リストの中から、口座開設するということになります。

通常、金取引は買いと売りを何度も行いますので、金取引の金額が大きくなればなるほど取引完了までに日数がかかります。

金の売買は、同日での売り買いを行ってはいけません。

なぜなら、レートが提示されるのは原則1日1回であるためです。

よって、同じ日に売り買いをしても絶対に利益を得ることはできません。

そのため、消費税還付の恩恵も受けたいのであれば、余裕を持って還付のスケジュールを組む必要があります。

今でいうと、大雑把に見て、金は1キログラム約500万円しますので、1回の売買でそれくらいの資金が必要となってきます。

もっとロットの小さい500グラムとか100グラムでも取引することはできます。ロットが小さい分、売買を何度も繰り返し行う必要が出てくるという点が違うだけです。

手持ち資金の多い少ないで売買1回あたりのロットを決めると良いかと思います。

正確な計算が必要ですが、大体の目安としては、年間家賃の3倍以上の金額を売買しておけば、課税売上割合の再計算を行い、還付金を戻すことになるという可能性は低くなるでしょう。

3年間を平均した課税売上割合が50%を下回らないかどうかを気にするのはなぜかというと、下回った場合、下回った分だけ還付された消費税の一部を国に戻す必要があるためです。

実をいうと、居住用不動産に投資して消費税還付を受ける場合にもっとも気を付けなければならないものが、課税売上割合なのです。

課税売上割合とは、全売上を100%とした場合の、消費税が課税される売り上げの割合のことをいいます。

この数字が大きければ大きいほど、消費税還付においては有利となります。

課税売上割合の計算式をご紹介します。

課税売上割合＝（課税売上高＋免税売上高）／（課税売上高＋免税売上高＋非課税売上高）

※いずれも税抜き

④物件を取得する

そして、金の売買が完了したら、不動産の売買契約を結び、物件の引き渡しを受けます。

この際、売り主と交渉するなどして、建物価格を高めにすると還付額も大きくなります。

⑤家賃発生月に会計期間の変更をする

物件の引き渡しを受けたその月に会計期間の変更を行います。

こうすることで非課税売上である家賃収入の影響を最小限に抑えることができるからです。

⑥法人税と消費税の申告書を提出する

もうここまでくれば、あとは期末から2か月以内に法人税の申告書と消費税の申告書を税務署に提出するだけとなります。

⑦消費税の還付を受ける

いつぐらいに還付金が入ってくるんですか？ というご質問も多いですが、大体申告書の提出から2か月以内の場合が多いのではないでしょうか。

実際、消費税還付を受けるとなると還付についてのハガキが税務署から送られてきます。

あとは⑧〜⑪のとおりです。

還付を受けた以降については、物件を取得した日から換算して、丸々3年間は消費税の申告が必要となってきます。

3年間の間、消費税の申告が不要となるような方法は今のところありません。

そして、消費税には処理方法がいくつかあります。

原則課税と簡易課税の2つです。

原則課税はさらに2つにわかれ、個別対応方式と一括比例配分方式とがあります。

消費税還付で使う方法は一括比例配分方式になります。

個別対応方式を使っても、簡易課税を使っても、還付は受けられないので注意してください。

消費税還付を受ける場合の注意点としては、3年間は原則課税の適用が強制されていますので、その期間中に不動産を売却すると建物の売買金額に消費税がかかるため、通常であれば、消費税の納付となります。

そうなると消費税還付した意味がなくなってしまうので、なるべくであれば課税事業者の期間が完了し、免税事業者に戻ってからの売却が得ですので併せて覚えておくと良いでしょう。

※　※　※

さて、この流れを見てもおわかりのように、消費税還付の恩恵を受けるには、物件を購入する前の段階から事前準備をしておかないと、スムーズに事が運ばないことがわかると思います。

逆にしっかり段取りと準備をしておけば、問題なく還付を受けられます。

ですので、購入する物件の目処がついた時点で、還付を依頼したい会計事務所にご相談されると良いと思います。

増税を利用したローリスク投資

ここで不動産投資と直接関係ありませんが、1つとっておきの情報があります。

それは、次の増税のとき、消費税が10%のうちに金地金を購入して保管しておき、消費税が上がった後売却することでローリスクに増税分の利益を得るという方法です。

これは、金を買うときは10%分の消費税を払いますが、金を売る時には増税分の消費税が貰えることを利用した売買法です。

「消費税が動くときには、金が動く」と言われており、資産家の間では必ず話題になっています。

これは以前、消費税が8%から10%に変更になった時も話題になった手法で、実際に金の取引量も大幅に増えました。ここで、金取引業者として有名なところを挙げておきましょう。

金取引の業者リスト

・第一商品
・カネツ商事
・三菱マテリアル
・ゴールドトレーディング
・田中貴金属

ただし、この投資法には注意点があります。

それは、金の購入価格と売却価格には必ずスプレッドと呼ばれる差額が発生しており、その分は最低でも業者の手数料として取られる点と、値動きによる変動リスクです。

この2点さえしっかり意識して取引していけば、普通に金取引するよりもかなり高確率で利益を出せるのではないかと考えています。

各業者によって、スプレッド（売りと買いの価格差）に差がありますので、お問い合わせいただければと思います。

ネットやメールのやり取りで取引が完了できる金取引の業者もあります。

スプレッドは変動がありますので、あえて掲載しませんでしたが、各社のＨＰでご確認いただけると思います。

金取引をしていなくても消費税還付ができるケース

ビル、テナント、事務所、民泊、簡易宿泊所、太陽光発電システム、の場合であれば、もともと課税売上なので、金の売買をしなくても還付を受けられます。

その場合の注意点は、消費税の課税事業者選択届出書を提出するという点です。

消費税課税事業者選択届出書を提出する際の盲点

消費税の課税事業者選択届出書を提出するのは、基本的に設立1期目になり、2期目以降に物件を取得して消費税還付を受けようとする場合、物件取得する年の前年に消費税の課税事業者選択届出書を提出していないと還付を受けることはできません。

ですが、2期目以降に物件取得する場合でも認められる場合があります。

それは、すでに居住用の不動産を保有していて、２棟目（２期目）で事務所やテナント物件を取得するという場合です。

なぜなら、課税売上となる物件を取得するのはその年が初年度になるからです。非課税売上となる居住用不動産の売上は消費税上は加味しなくてもよいのです。

逆に、１棟目で事務所系の物件を取得し、２棟目（２期目）でも事務所系の物件を取得したという場合だと、２棟目（２期目）の時点で消費税の課税事業者選択届出書を提出しても、２期目からの適用とはならない点に注意が必要です。

２期目に提出すれば３期目からの適用となります。

たとえ1棟目の家賃売上が１０００万円以下で消費税免税事業者だったとしても同じ取り扱いとなりますのでテナントも視野に入れている方は覚えておくと良いと思いますよ。

さて、以下に消費税還付でよくいただく質問をQ＆A方式でまとめてみました。ご参照ください。

消費税還付でよくある質問に簡潔に答えます！

Q　1法人1物件にするのはなぜなのですか？

もちろん、1つの法人でいくつもの物件を取得していく方法でも大丈夫です。

ただ、その場合、消費税の還付額が大幅に減ることになります。

もしくは、金の売買金額が増え、金取引の手数料がかさむことになります。

というのも、アパートの売上は非課税ですので、物件数が増えれば非課税売上も増えます。そうなれば、還付を多く受けるために、金の売買金額も増やさなければならなくなってくるのです。

大量に金の売買をするのが嫌だとなれば課税売上割合が下がり、還付額も減ってしまいます。また、既存の法人で新たに物件を取得するとなると、物件を取得した時点からさらに3年のカウントが始まります。そうなると、免税事業者に戻すタイミングがどんどん伸びてしまうことになり、かえって手間にもなり、金銭的にも損になり、節税効果が低くなります。そのため、1法人1物件の方が効率が良いのです。

ここで大事なポイントがあります。この場合における1法人1物件は、銀行融資を受けるにあたり、融資金額を伏せるための方策とは目的が異なります。

融資額を隠すための１法人１物件方式は、銀行に対する虚偽行為になりかねないためお勧め致しません。もし発覚した場合、残債の一括返済を求められる可能性があります。

Q　仮に１法人で２物件取得した場合の還付金はどのくらいになりますか？

１法人で２物件くらいなら消費税還付をやれなくもないです。

１棟目の非課税売上があるので、その分、余計に課税売上が必要になってきますが、大体、還付額の目安としては支払った消費税の70～90％くらいになるかと思います。

ただ、ここから税理士代が取られますので、その分減ることになります。

１棟目の家賃収入の金額によって還付額は少し変わるかもしれませんね。

Q　個人で金地金の売買をするのはダメなのでしょうか？

もちろん、個人の利益目的の一環として金地金の売買をするのは大丈夫です。

ただ、個人で金地金の売買を行った場合、その取引状況によって所得区分が次のようにわかれてきます。
①たまたま金地金を持っていてタイミングを見て売却した場合は譲渡所得（単発取引）
②金地金の業者ではないが、利益目的として金の売買を継続的に行っている場合は雑所得

（継続取引）

③金地金の業者登録をして売買を行っている場合は事業所得（業者取引）

他にもいくつか金地金の取引方法はありますが以上のいずれかに区分されます。

事業所得となる場合であれば、消費税の課税となりますから、個人でも消費税還付を受けることはできますね。

Q　仮想通貨やＦＸの売買、金の先物取引は消費税の課税取引になるのでしょうか？

仮想通貨は消費税非課税であるということが正式に決まりましたので、仮想通貨の売買を繰り返しても課税売上にはなりません。ＦＸに関しても消費税不課税となっております。金の先物取引は消費税不課税となっています。ただ、現受け（先物で買っていた金を現物で引き取る）場合は、消費税の課税取引となるため、課税売上となります。

Q　消費税の還付金は利益になるのでしょうか？

消費税の還付金は利益の扱いにすることもできますし、利益の扱いにしないこともできます。それは会計処理の方法の違いでどちらかに区分されます。そして、どちらの方法が得ということはありませんのでご安心ください。最終的にはどちらも同じになります。

Q　初月をフリーレントにしているのですが、消費税還付と何か影響はありますか？

フリーレントを設ける場合は、その期間の収入をゼロにする方法と賃貸借契約書の契約期間で按分する方法と2つの方法があり、どちらでも大丈夫です。

消費税還付と影響がある部分とすれば、フリーレント期間の収入をゼロにする方が課税売上割合を高められるので有利ですね。

Q　消費税還付を受けて3年経過する前に物件を売却したらどうなるのでしょうか？

売却すること自体は可能です。

ですが、3年間は必ず消費税の課税事業者になっているので、売却した建物の金額は課税売上になるため消費税を支払うことになります。ただ、課税仕入れがあれば、それと相殺した差額を納付することになるので、課税仕入れの方が多ければ、逆に還付になる可能性もあります。

Q　課税売上割合を高めるために、初月の家賃を放棄するのはどうでしょうか？

もともと家賃収入を目的に大家さん業を始めようとしているため、放棄するというのは不自然ですからやめた方がよいのではないでしょうかとお話しています。

わたしたち不動産投資家は、家賃で稼ぐことを目的としているからです。ただ、どうしてもこの方法でやりたいという方のために解説しておくと、この方法を取った場合、通常、売主買主との売買契約書で、この放棄した家賃は売主が受け取る旨の特約を結ぶことが通例です。

この点については、必ず特約を設けしっかりと明文化しておく必要があります。

なぜなら、この特約を設けずに家賃を放棄した場合、買主から売主への家賃の贈与とみなされる可能性があるためです。 贈与とみなされた場合の考え方は、いったん買主に家賃が帰属し、その後売主に渡したという流れになるため、買主側において課税売上割合が大きくなることに貢献してくれなくなってしまいます。

つまり、家賃を放棄することで消費税の課税売上割合を上げるという目的をまったく果たさなくなるのです。

ですが、特約で買主が日割り家賃を放棄し、売主が受け取るという契約を結べば、いったん買主に家賃が帰属するということにはならず、消費税の課税売上割合の最大化に貢献してくれます。

この点で争われた判例もあり、放棄した家賃について買主側で課税されなかったという結果となっておりますので、税務署から問い合わせがあった場合は反論の材料にしてみても良いでしょう。

おわりに……税金の知識はキャッシュフローに直結する

「人生を変えたい！」

そう思いながら、毎日仕事に励んで、仕事以外での収入アップの方法を模索している人が、今、大勢いらっしゃいます。

15年前のわたしもそうでした。

毎日、毎日仕事に出かけ、休みもほとんどない。

1年間ぶっ続けで働き続けたことも、3日間寝ずに働き続けたこともあります。

たまの休みにはセミナーに参加し、仕事の合間を縫って参加して勉強を続けていました。

そんな休みのない毎日、誰だって望んでいるわけではありません。

みんな自分の人生を変えたくて、必死に毎日を過ごしておられるのだと思います。

そんなわたしに希望を与えてくれたのは、不動産でした。

自分でもまさか大家さんになるだなんて昔は想像もできませんでした。

ですが、今ではれっきとした大家さんです。

そして、大家業を始めて、たった6年で専業大家になることもできました。

大家業ほど素晴らしい仕事はありません。

大家さんの日常というのは、サラリーマンと違い、毎日をまったりと過ごしているのが普通の過ごし方です。

働くのも自由、働かないのも自由、そんな毎日です。

仕方なく働くという立場から、趣味で働く、働きたいからあえて働いているというライフスタイルなのです。

わたしは大家業を始めなければ、自由を手に入れることはなかったでしょうし、税理士になることもなかったでしょう。まさに不動産のおかげで人生が変わったのです。そして、今でも自由な生活を毎日楽しんでいます。毎日が楽しくて仕方ありません。

「この喜びを他の人にも味わってもらいたい」というのがわたしの切なる想いです。

そして、皆さん安心してください。

大家さんで成功するのは、サラリーマンで出世するよりも遥かに簡単です！

やり方さえ間違わなければ、本当に簡単です。

とは言いつつも、何もせずに成功できるほど甘くはありません。

しっかりと体系的な勉強をする必要があります。

不動産の勉強しかり、税金の勉強しかりです。税金の知識はそのまま、キャッシュフローに直結するので、勉強する・しないで成功の確率は大きく変わります。

その世界に飛び込むも飛び込まないも、本人の自由です。

遠くまで大きく飛ぶためには、思いっきり低くしゃがみ込む必要がありますよね。

人生にも大きくしゃがみ込んで勉強に集中する時間が必要だと思っています。

そんな経験をした人だけが、大きく羽ばたくことができるのではないでしょうか。

人生に変化をもたらしたいなら、今までと同じことをしていたのでは変化は訪れません。

毎日、少しずつでもいいから何かにチャレンジしていく必要があるのです。

そして、そのチャレンジは本業である「仕事以外の」チャレンジでなければなりません。

これを読んでいる読者の方の中で、この本をきっかけに不動産投資を始め、成功し、自由を手に入れ、人生が変わったという人が1人でも多く出てくれればいいなと思っています。最後に、ドラゴン桜のこの言葉で締めさせてください。


「目の前にチャンスがあるのに、飛び込まないやつがどこにいる！」

一緒に人生をもっともっと楽しみましょう！

2018年7月

税理士大家さん　石井彰男

『不動産投資のお金の残し方 裏教科書』

購入者限定特典のお知らせ

Word
Excel

特典として3万円相当の
ワード＆エクセルファイルを
無料でプレゼント！
節税効果大！

中身はサイトをご覧いただいてからのお楽しみです。
応募は下記よりお申し込みください。

http://royce-acc.com/merumaga/tokuten

ログイン時のパスワード：

royce1234

QR コードからもお申し込みできます→

メルマガ＆ LINE 登録も大歓迎です！

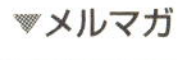

【メルマガサイト】

http://royce-acc.com/merumaga

【LINE@】 @kdm3545i

特典は予告なく、終了することがあります。お申し込みはお早めに！

応募方法はオンライン限定です。また、本特典の提供は会計事務所ロイズ会計となります。
販売書店とは関係ありません。ご不明な点は info@royce-acc.com へお問い合わせください。

石井彰男（いしい・あきお）

会計事務所ロイズ会計 代表。成功する大家さん塾 主宰。税理士大家さん。

経営コンサルティング会社で働きながら不動産投資をはじめ、たった6年で、ゼロから年間キャッシュフロー2000万円を達成。不動産投資の開始当初、不動産に無知な近所の税理士に申告業務を頼んでしまい、多額の税金を支払うことになった苦い経験から、自分で税理士を取得した。業界では異色の経歴を持つ税理士大家。

「大家さんで幸せに起業する」をモットーに自身でも不動産投資の塾を主宰。失敗しない物件選びの講座や会計を学びキャッシュフローの増大を図る講座を開催しており、セミナー講師としても活躍中。

15年間の大家さん経験と独自の節税手法、資産運用のプロとして、いかにキャッシュフローを増やすかという独自のノウハウは「これまでで一番実践的でわかりやすい」「こんな税理士さんにお会いできて良かった」と多くの大家さんから好評を得ている。

不動産投資(ふどうさんとうし)のお金(かね)の残(のこ)し方(かた) 裏教科書(うらきょうかしょ)
税理士大家(ぜいりしおおや)さんがコッソリ教(おし)える

2018年8月 3日　　初版発行
2020年7月22日　　7刷発行

著　者　　石　井　彰　男
発行者　　常　塚　嘉　明
発行所　　株式会社　ぱる出版

〒160-0011　東京都新宿区若葉1-9-16
03（3353）2835―代表　03（3353）2826―FAX
03（3353）3679―編集
振替　東京 00100-3-131586
印刷・製本　中央精版印刷(株)

ISBN978-4-8272-1134-4 C0033